LE

PROCÈS DE BELLEVILLE

13 Décembre 1875

DISCOURS

de la Salle Graffard

PLAIDOIRIES

DE

MM. PAUL DE CASSAGNAC

EDMOND TARBÉ

M^E^ GRANDPERRET

Prix : 25 centimes

PARIS

E. LACHAUD ET Cie, ÉDITEURS

4, PLACE DU THÉATRE-FRANÇAIS, 4

1875

M. Paul de Cassagnac avait été invité le 16 novembre 1875 par la lettre suivante, à venir expliquer sa politique, dans la salle Graffard, à Belleville.

Voici la lettre :

Belleville, le 16 *novembre* 1875.

« MONSIEUR,

« Devant les misères qu'endure à cette heure la population ouvrière, devant les incertitudes de l'avenir et surtout devant les progrès menaçants du parti impérialiste, nous avons cru de notre devoir de citoyens prudents et inquiets de vous mander parmi nous. — Vous vous dites le serviteur du Suffrage Universel. — Prouvez-le, en vous rendant à notre appel et en nous donnant publiquement les explications que nous vous demandons au sujet de ce que serait l'Empire s'il revenait.

« Qu'avons-nous à attendre de lui ?

« Voilà ce que nous voulons savoir et voilà ce que vous nous direz, nous l'espérons.

« Recevez, etc.

« **Lecourdavot,** cordonnier, rue de Belleville, 40 ;
« **Rebourg,** ouvrier monteur en bronze, rue de Belleville, 144 ;
« **Mayer,** ouvrier peintre, passage de l'Union, 28 ;
« **Adolphe Dupré,** fils, typographe, rue du Plateau, 18 ;
« **U. Croutte,** homme d'équipe au chemin de fer, boulevard Magenta, 83 ;
« **Galland,** blanchisseur, rue Lassus, 5 ;
« **Valade,** ouvrier zingueur, rue des Alouettes, 32. »

M. Paul de Cassagnac a répondu immédiatement qu'il acceptait. En conséquence, la réunion a eu lieu le 23 novembre au soir.

4,200 personnes avaient pris place dans la salle et dans les galeries latérales, 10,000 personnes, d'après le journal républicain le *Rappel*, n'avaient pas pu entrer.

A neuf heures précises, le bureau composé des signataires, sous la présidence de M. Bardoux, coiffeur, assisté de M. Brognard, mécanicien, a ouvert la séance en appelant M. Paul de Cassagnac à la tribune.

L'orateur s'est immédiatement présenté, et a commencé en ces termes :

Messieurs,

Vous m'avez convié à venir devant vous, à vous apporter des explications que vous jugez nécessaires.

Serviteur dévoué du suffrage universel, j'obéis à ce que je considère comme un ordre émanant du peuple, et me voici !

Car pour nous tous, enfants de la France moderne, enfants de la Révolution de 1789, il n'y a plus qu'un maître, qu'un seul : le peuple ! et devant lui chacun doit courber la tête, qu'il soit roi, empereur ou président de la République. (*Oui ! oui ! très-bien !*)

Vous m'avez appelé : je viens ; je viens plein de respect pour vous, sans avoir la folle prétention de violenter votre opinion si elle m'est contraire de parti-pris, mais décidé aussi à défendre la mienne.

Vous n'espérez de moi ni faiblesse ni lâcheté.

Ce ne serait digne ni de vous ni de moi. (*C'est vrai !*)

D'ailleurs, la vraie liberté, la liberté saine et utile, ne consiste-t-elle pas à échanger honnêtement et loyalement ses idées, et à chercher en commun ce qui peut le mieux convenir au bien de la patrie?

C'est ce que nous allons faire ensemble.

Vous savez qui je suis, ce que j'ai l'honneur de représenter, et, pourtant, je vous le déclare bien franchement : je ne me présente pas devant vous comme impérialiste seulement ; l'impérialisme n'est ici qu'une chose particulière et personnelle à moi, et je le négligerai la plupart du temps pour chercher un autre terrain, plus large, plus vaste et qui nous contienne tous, à quelque opinion que nous appartenions, et sur lequel nous ne serons jamais en désaccord : ce terrain sera, si vous le voulez, celui du patriotisme et celui de la France. (*Nombreuses marques d'assentiment.*)

Où suis-je ici, messieurs?

Suis-je parmi les miens, parmi des hommes inféodés à mes croyances ?

Non, et je le sais.

Beaucoup d'entre vous ne sont pas mes amis, et je ne place pas sur le compte de la bienveillance le soin que vous mettez à m'entendre, mais bien sur le compte de l'hospitalité que vous m'avez offerte et que vous avez à honneur de pratiquer généreusement.

Je suis à Belleville!

Oui, à Belleville!

Belleville! ce nom seul serait capable d'intimider ou d'émotionner tout autre que moi ; — mais moi, je n'ai pas peur de vous et je vais vous dire pourquoi :

Belleville est généralement indiqué comme l'endroit le plus redoutable de Paris, comme l'endroit où le volcan révolutionnaire fume et gronde, lançant sa lave dévastatrice sur les autres quartiers de la grande ville.

On vous a dépeints comme des intolérants, comme des passionnés, comme des hostiles.

Intolérants? vous ne l'êtes pas, puisque vous m'écoutez. (*Applaudissements.*)

Passionnés? C'est possible, mais je n'y vois aucun inconvénient, l'étant moi-même autant que vous et peut-être davantage. (*Rires.*)

Hostiles? ce n'est pas bien sûr, et, en tout cas, je ne le saurai bien exactement que tout à l'heure, quand je serai sorti d'ici. (*Nouveaux rires.*)

Belleville a donc été calomnié et il devait l'être.

Il lui est arrivé ce qui est souvent arrivé à Paris, où la province déverse en égouts tout ce qu'elle a d'impur.

Les départements salissent Paris de leur écume et Paris vous salit. (*Oui! oui!*)

Des gens étrangers à vous sont venus chez vous, vous imposant leur cachet sinistre et vous infligeant leur étiquette compromettante. (*C'est vrai! c'est vrai!*)

Que de souvenirs odieux ou sanglants je trouve autour de moi!

Ici, c'est Rochefort, qui prétendait que dix minutes suffisaient pour régler la question sociale et qui a passé six mois au pouvoir sans rien régler du tout, pas même le fiacre qui l'emportait loin du danger... (*Applaudissements.*)

... Rochefort, qui n'a jamais eu du courage que pour prendre la fuite! (*Applaudissements.*)

Là, c'est Flourens!... Devant celui-là, messieurs, librement et volontairement je me découvre, car il sut combattre et il sut mourir! (*C'est loyal! c'est honnête! Triple salve d'applaudissements.*)

Or, j'estime que cela porte toujours bonheur de saluer l'homme qui paya de son sang ce qu'il croyait être sa foi. (*Bravos prolongés.*)

Combien de ceux-là, messieurs, sont tombés dans

vos rues, le long des barricades, et qui ne pensaient pas mal faire ; tout cela par le crime et l'infamie de quelques scélérats qui les ont entraînés à leur perte et qui sont demeurés impunis, eux ! (*Sensation profonde.*)

Voilà pourquoi, messieurs, je crois devoir traiter une autre question, avant de traiter celle pour laquelle je suis convoqué. Vous m'avez demandé de vous dire à quoi l'Empire vous servirait s'il revenait ? Eh bien, je vais d'abord vous dire à quoi la République vous a servi, à vous peuple, depuis qu'elle existe. (*Exclamations. — Rumeurs.*)

La République ! quel mot sonore et magique ! et qui de nous peut dire qu'il n'en a pas ressenti les mirages trompeurs ?

Pour moi, dans ma tendre jeunesse, pour vous peut-être encore, c'est l'idéal de l'honnêteté, de la vertu, du patriotisme. (*Oui! oui!*)

Et c'est justement à cause de cela que je n'en suis plus ! (*Rumeurs.*)

Non, je n'en suis plus ! car je sais maintenant que cet idéal n'est qu'une tromperie et qu'un mensonge ! (*Vive émotion dans l'auditoire.*)

Comme vous, j'ai eu l'imagination bercée par des récits merveilleux et émouvants.

Un jour, je lisais qu'un républicain nommé Léonidas avait combattu presque seul contre une armée innombrable.

Un autre jour, je voyais qu'un autre républicain, appelé Manlius, avait tué son fils pour avoir combattu sans son ordre.

A vous aussi, on a raconté tout cela ; seulement on a oublié de vous dire à quelles républiques appartenaient ces prétendus républicains.

Le premier appartenait à la république de Sparte, où deux catégories entières de citoyens, les Laconiens et les Ilotes, étaient traités en esclaves.

Le seconde appartenait à cette république romaine où, pendant des siècles, les patriciens opprimèrent le peuple, jusqu'au jour où le peuple, pour se venger, a voulu couronner César, César son homme, César son idole, César son représentant vrai.

Car les Césars, messieurs, ne l'oubliez pas, étaient les élus du peuple contre la noblesse et marquaient l'avénement définitif du peuple aux affaires. (*Vive adhésion.*)

Voilà pourquoi, lorsqu'on appelle l'Empire des Napoléons : l'ère des Césars, on nous flatte, loin de nous outrager, car Napoléon était, comme César, la victoire de la nouvelle société sur l'ancienne ! (*Applaudissements.*)

Donc, toutes ces républiques dont on vous a parlé sont de fausses républiques, où le peuple était foulé aux pieds, où la noblesse seule avait du prestige, et on ment quand on vous cite, pour vous encourager, les exemples de la Grèce ou de l'Italie.

Et on ment encore davantage par les actions que par les paroles, lorsqu'on ose vous rappeler la vertu et le patriotisme des anciens, car cela ne fait que mettre en lumière les ignominies des républicains modernes, et j'entends par républicains modernes les chefs surtout, ceux qui se disent les plus purs ! (*Sensation prolongée.*)

Aujourd'hui, messieurs, Léonidas eût déserté le défilé glorieux des Thermopyles, et se fût sauvé en ballon.... (*Applaudissements.— Rumeurs.*).... allant de Paris à Tours, de Tours à Bordeaux, emporté loin de l'ennemi sur une locomotive et n'arrivant jamais sur les champs de bataille qu'avec les vautours et quand tout était fini. (*Applaudissements.*)

Aujourd'hui, Manlius n'eût pas subi la triste nécessité de frapper son fils pour s'être battu sans son ordre. Il eût agi plus prudemment, plus pratiquement ; il l'eût nommé sous-préfet comme le jeune M. Savary, ou l'eût mis brancardier dans les ambulances, avec le vésicatoire à la croix rouge sur les bras, comme a fait Jules Simon avec ses fils. (*Rires.* — *Bravos.*)

Caton, lui-même, se serait ennuyé de sa vertu et, ainsi que Jules Favre, se fût distrait en falsifiant les actes de l'état civil ! (*Applaudissements.* — *Tumulte.* — *Longue interruption.*)

Voilà les républicains d'aujourd'hui, voilà ceux qui prétendent marcher sur les traces des anciens et qui ont l'impudence de vouloir vous guider !

Combien nous sommes loin, messieurs, de l'idéal rêvé, de l'idéal que beaucoup de braves gens persistent à rêver encore ! (*Rires ironiques.*)

Mais pourquoi nous égarer dans les républiques de l'antiquité, quand nous avons sous la main les républiques modernes ?.... (*Ah! ah! nous y voilà!*)

Je dis, messieurs, que dans toutes les républiques anciennes ou modernes le peuple a été constamment sacrifié à l'intrigue ignoble et aux basses passions de quelques meneurs. Je dis, et je vais le prouver, que le peuple a toujours été la dupe d'un certain nombre de farceurs. (*Oui! c'est exact!*)

Le peuple est presque toujours allé à la Révolution honnêtement et de bonne foi; parfois, il y a mis de la violence ; mais ses fautes, ses erreurs, ses crimes doivent retomber sur d'autres têtes que la sienne. (*Approbation générale.*)

Qu'a donc rapporté 1793 au peuple ? Sa liberté ? Ce n'est pas vrai. La belle, l'admirable Révolution de 1789 la lui avait donnée et y avait joint cet autre bienfait plus grand, plus divin, oublié depuis le Christ, depuis dix-sept siècles, l'égalité humaine ! (*Applaudissements.*)

En 1793, le peuple mourait de faim, de froid, comme on vous a fait mourir pendant le siége de Paris, et allait en sabots, presque nu, former ces héroïques bataillons de la Moselle et de Sambre-et-Meuse ; il parcourait tous les chemins d'Europe, y promenait la merveilleuse épopée qui est la gloire du passé, le gage de l'avenir, et faisait ce que nous, ses descendants dégénérés, n'avons pas su faire : arrêtait, par sa fière attitude, les ennemis terrifiés à Valmy et à Jemmapes.

Pendant ce temps-là, des bandits souillaient la Révolution, si pure jusque-là; et on vous trompe quand on vous dit que les nobles seuls, que les prêtres seuls, que les émigrés seuls remplissaient le panier sanglant du bourreau.

Vous aussi, vous y étiez ; vos têtes y roulèrent pêle-mêle et donnaient le baiser livide aux aristocrates décapités. (*Sensation profonde.*)

Voulez-vous des chiffres, des chiffres que vous ne connaissez pas, qu'on vous cache ? Je les ai là, et je défie qu'on les démente ! (*Oui, oui, donnez-les !*)

Les voici :

Paysans, laboureurs, garçons de charrue..	3.871
Ouvriers d'état, forgerons, maçons, charrons	2.212
Bourgeois, petits rentiers..............	1.273
Soldats..............................	715
Femmes, filles, servantes, couturières.....	718
Avocats, procureurs, huissiers..........	585
Fabricants, négociants, commis...........	539
Domestiques, cabaretiers, marchands de vin	156
Médecins, chirurgiens	76
Matelots..............................	73
Instituteurs	49
Hommes de lettres, comédiens............	67

C'est-à-dire onze mille têtes du peuple qui sont tombées ; onze mille guillotinés parmi vous ! (*Vive émotion. — Exclamations.*)

Et tout cela contre 1,406 nobles ou prêtres !

La République vous avait fait, comme d'habitude, la plus large part. (*Sensation.*)

Et dans le procès de Fouquier-Tinville vous trouvez que les prisons de Paris contenaient 2,000 paysans destinés au tribunal révolutionnaire, c'est-à-dire à la mort, lorsque le 9 Thermidor les rendit à la Liberté ! (*Exclamations.*)

Et en 1848, que se passa-t-il ?

Vous aviez fait la révolution du 24 février contre un gouvernement qu'on appela justement *une halte dans la boue*, et dont les survivants, à cette heure, essayent de détruire vos droits populaires, le suffrage universel, sans doute pour se venger de vous. (*Applaudissements.*)

Et vous fûtes obligés de faire contre eux les journées de Juin, car tout ce que vos chefs avaient promis, ils avaient refusé de le tenir, alors comme aujourd'hui !

Et ils vous mitraillèrent sans pitié, ces chefs que vous aviez aidés à faire la République, alors comme aujourd'hui ! (*Applaudissements prolongés.*)

Leur part, ce furent les places, alors comme aujourd'hui ! (*Oui ! oui !*)

La vôtre fut le massacre, alors comme aujourd'hui (*Applaudissements. Longue interruption.*)

Et le 4 Septembre... (*Ah ! ah ! Voyons !*)

Et le 4 Septembre, qu'a-t-il donc rapporté au peuple ?

Vous le savez, et plus d'une de vos familles mutilées, porte encore la trace de ses suites.

Une voix.— Parlez-nous donc du 2 Décembre ! (*Oui, oui ! Non ! non ! — Tumulte indescriptible.*)

M. Paul de Cassagnac.—Je vous en supplie messieurs, laissez l'interrupteur monter à la tribune

Je n'ai pas l'intention de me renfermer, de me réfugier dans les termes définis de votre invitation. J'appartiens à un parti qui n'a rien à cacher, rien à fuir. Laissez venir cet homme, qu'il parle et je lui répondrai ! (*Bravos.*)

L'INTERRUPTEUR *s'avance, monte à la tribune et dit :* J'ai été élevé sous la République ; le coup d'Etat l'a tuée et, en la tuant, il a perdu la France ! (*Approbations. — Huées.*)

M. Paul de Cassagnac. — Eh bien, soit, parlons du coup d'Etat : oui, l'Empereur viola la légalité en faisant le coup d'Etat... (*C'est vrai! — Il l'avoue!*) Oui, l'Empereur n'avait pas le droit de renvoyer l'Assemblée, pas plus que vous, monsieur, vous et vos amis, vous n'aviez le droit de chasser l'Empire au 4 Septembre ! (*Applaudissements. — Longue agitation.*) Et je m'inclinerais devant le 4 Septembre si vous aviez fait, le lendemain, ce que l'Empereur a fait, si vous aviez dit à la France : « Es-tu contente ? » (*Applaudissements.*)

Et que vient-on me parler ici de légalité, de loi violée, de décrets oubliés et méconnus ?

Le peuple est le grand juge, le seul juge de ces violations ; de même que le Pape lie et délie en matière religieuse, le peuple lie et délie en matière politique. Il a absous l'Empereur par des millions de suffrages, et qui donc oserait condamner celui que le peuple a absous ? (*Bravos, cris, applaudissements.*)

La légalité ! les lois violées ! qu'est-ce que cela fait au peuple, quand il n'en veut plus ?

Pour lui, tout cela est écrit sur du sable, et, lorsqu'il en a assez, il les efface avec son large pied. (*Applaudissements.*)

Oui, le 2 Décembre a coûté la vie à pas mal de monde. Huit cent personnes, environ, y sont mortes.

Mais qu'est-ce donc à côté de ce que les républicains ont fait eux-mêmes, eux qui ont opéré quarante mille arrestations et fusillé vingt-cinq mille hommes du peuple?

Comparez un peu, et parlez-moi encore du 2 Décembre, si vous l'osez! (*Triple salve d'applaudissements, violent tumulte sur divers points de la salle.*)

Voilà ce qu'ont fait les Thiers, les Picard, les Favre, qui sont à votre tête encore!

M. Gambetta profitait de l'occasion pour aller sur les bords de la mer se laver les pieds de ce qui se passait! (*Rires et bravos.*)

M. Jules Simon, le doux et onctueux Jules Simon, allait sur les pontons, pour les compter, pour voir s'ils y étaient bien tous, ceux que sa parole empoisonnée avait poussés à se ruer sur les baïonnettes. (*Rires et applaudissements.*)

Ont-ils trouvé des avocats parmi les beaux parleurs de l'Assemblée actuelle, ces malheureux qui, sous la Commune, ne voyaient pas qu'ils frappaient la mère patrie et qui ne pensaient qu'élever leur revend cation contre les chefs, comme ils l'avaient fait en juin 1848?

Non; et pourtant il y avait, parmi tous ces pauvres diables, bien des égarés, bien des trompés, et laissez-moi vous le dire, les plus coupables, les plus criminels ne sont pas ceux que caresse la bise d'Océanie ou qui dorment entassés sous les squares de Paris; mais ce sont ces sinistres farceurs qui se promènent libres et bien portants, et qui, à cette heure rêvant la revanche de leurs appétits trompés, ne cherchent qu'à exploiter de nouveau ce qui vous reste encore de sang à verser et de libertés à perdre! (*Emotion générale.*)

Eh bien, je te le demande, peuple de Paris, grand incorrigible enfant que tu es, jusqu'à quand seras-tu la dupe des bavards, des menteurs, des avocats sans cause, qui font de ta chair de la chair à canon, qui te montent sur le dos pour arriver au pouvoir et qui, une fois parvenus, te rejettent dédaigneusement du pied, comme une échelle devenue inutile, alors qu'on est au faîte du mur? (*Tonnerre d'applaudissements.*)

Et pourtant, bien des honnêtes gens la rêvent encore, cette République idéale, dont je voudrais vous dégoûter, et, honteux des républiques passées, se reportent sur les républiques de l'avenir, croyant qu'elles sont meilleures.

C'est pour cela que, lorsqu'on demande à un républicain s'il est républicain de 1793, il répond : « Non, pas de celle-là ; elle fut trop sanglante. » (*Rires.*)

Lorsqu'on lui demande s'il est républicain de 1848, il dit : « Non, pas de celle-là, elle fut trop ridicule. » (*On rit.*)

Enfin, lorsqu'on lui demande s'il est de celle-ci, il hausse les épaules et dit « Ah ! non, cela n'en vaut pas la peine ! » (*Hilarité prolongée.*)

Et il se déclare républicain de l'autre, de celle qu'on ne connaît pas, qui n'est pas encore venue, et qu'on attend comme le Messie sauveur.

Messieurs, de celle-là je serai, si jamais on la découvre ! (*Rires d'adhésion.*)

Lorsque le grand saint Paul s'en vint à Athènes, il vit la statue du dieu inconnu.

C'est ce dieu inconnu que vous servez et que vous adorez, républicains honnêtes, et c'est ce qui fait votre excuse.

Mais c'est en vain que vous la chercherez la République idéale, la meilleure des républiques, et vous ne la trouverez pas, car elle existe ailleurs et vous n'allez pas de ce côté-là. Elle est tout entière dans cette ancienne devise qu'on lisait sur les pièces de monnaie : RÉPUBLIQUE FRANÇAISE. NAPOLÉON EMPEREUR ! (*Bravos. — Protestation.*) Et c'est ce que je vais vous démontrer si votre patience consent encore à me suivre. (*Oui. — Parlez ! parlez.*)

Messieurs, il m'est difficile de parler de l'Empire qui sera, sans vous parler un peu de celui qui a été, car l'un doit être, sur bien des points, le continuateur de l'autre.

Dans l'Empire de Napoléon III, vous trouvez faites pour le peuple bien des choses qu'aucune République n'a jamais essayées.

Et je me permets de vous le dire hautement : Qui a donc pensé plus à vous que l'Empire ? (*C'est vrai !*)

Vous ne m'en voudrez pas si je vous traduis ici ma pensée tout entière, car je ne suis pas venu pour vous dire uniquement ce qui peut vous être agréable. Vous ne l'avez pas entendu ainsi, n'est-ce pas ? Je suis venu pour vous dire ce que je pense, tout ce que je pense. (*Parlez !*)

Or, je vous le demande en bonne conscience, n'avez-vous pas été ingrats à l'égard de l'Empire, de l'Empire qui a tout négligé pour vous. ouvriers des villes, qui l'avez abandonné à l'heure périlleuse, et qui a pensé à vous plus qu'il n'a pensé aux populations rurales, qui, elles, ne l'ont pas oublié ?

N'avez-vous pas été ingrats ?

Tenez, j'ai là le calcul rapide de ce que vous a rapporté l'Empire de Napoléon III.

Je ne parlerai que pour mémoire des salaires pour hommes qui, pendant la période impériale, se sont élevés de 25 0/0, et du salaire des femmes, des brodeuses spécialement, qui a monté de 35 ou 40 0/0.

L'Empire a vulgarisé la Dette, et il est le premier qui vous ait permis d'être créancier de l'Etat pour la faible somme de cent francs.

Faut-il vous parler des embellissements de Paris, demeurés inachevés, du faubourg Saint-Germain et de la butte des Moulins, qui attendent toujours les ouvriers qui devaient y trouver leur pain et leur bien-être ?

La République a ceci de curieux, messieurs, que non-seulement elle ne bâtit pas, mais qu'encore elle ne rebâtit pas ce qu'elle a brûlé ou détruit. (*Rires et applaudissements.*)

L'Empire, messieurs, a fait autre chose, et je vous demanderais la permission d'en faire la courte énumération si cela était nécessaire, mais je crois que c'est inutile. Je n'ai qu'à vous parler des livrets, des caisses d'épargne, des asiles, de l'orphelinat du Prince Impérial.

Je ne vous dirai rien de la prospérité qu'il vous donna. (*Oui, oui.*) Et qui donc ici oserait se lever et me dire que, du temps de l'Empire, les affaires n'allaient pas mieux, — le commerce ne chômait pas ! — et qu'il y avait plus de faillites qu'aujourd'hui ? (*Rires d'adhésion.*)

L'Empire, messieurs, ne vous donnait pas les libertés vaines, mais les libertés utiles, celles de manger, de boire et de dormir à bon marché. Ce sont les vraies libertés, celles-là, les vraies pour vous ! (*Vive approbation.*)

Que vous importent les autres libertés dont vous ne profitez pas, et en quoi vous servent-elles donc ?

La liberté de la presse permet au *Rappel* de se faire des rentes.

La liberté de la tribune permet à quelques ambitieux

de toucher des appointements qu'ils seraient incapables de gagner ailleurs.

Qu'est-ce que cela vous fait, au fond, et qu'y gagnez-vous, puisque aucun des vôtres n'y participe? (*Applaudissements. — Violentes réclamations.*)

D'ailleurs, je suis bien bon quand je vous parle de toutes ces vaines libertés que la République est censée nous donner et qu'elle est la première à nous enlever par l'état de siége et la rigueur de ses lois! (*Rires et approbation.*)

La seule liberté que vous ait jamais donnée la République à toutes les époques, et qu'elle ait rarement retirée, c'est celle de mourir de faim! (*Applaudissements. — Murmures au fond de la salle. — Tumulte.*)

Et n'est-ce pas une amère ironie de la part de certains républicains que cette persistance à parler de la corruption de l'Empire, c'est-à-dire de la prospérité, du bien-être qu'il n'a jamais cessé de répandre autour de lui?

Un gouvernement, messieurs, doit au peuple la richesse, la richesse par le travail, (*Oui! oui!*) et c'est au peuple de faire de cette richesse l'usage qui lui paraît le meilleur.

Celui qui est sage économise et amasse!

Celui qui est fou dépense et gaspille; mais le gouvernement a fait son devoir, et cela ne le regarde plus.

Le peuple est assez grand pour savoir ce qu'il fait, il n'a plus besoin de tuteur comme autrefois, et, s'il lui plaît de jeter par les fenêtres ce qui devrait seulement le rendre indépendant, c'est son affaire! (*Longs bravos.*)

Si l'Empire revient, messieurs, il guidera, je l'espère, la France vers des réformes indispensables qui s'imposent, et que je vais vous dire :

Il cherchera à supprimer les octrois et à les remplacer par une charge qui pèsera moins sur les pauvres et plus équitablement sur les riches. (*Adhésion.*)

Il réformera le Code et rendra plus facile l'inextricable transmission de la propriété. (*Adhésion.*)

Enfin, il verra si, par l'impôt sur le revenu, il ne peut pas établir une répartition plus exacte des charges de chacun. (*Bravos.*)

Il fera cela et bien d'autres choses, qui ne sont pas ici de vaines réclames comme en font les candidats républicains que vous connaissez, ni de détestables mensonges, comme ces mots de *liberté*, d'*égalité* et de *fraternité*, dont on a badigeonné tous les murs de Paris !

Et s'il ne le fait pas, je serai là, moi, pour le lui rappeler en votre nom! (*Applaudissements prolongés.*)

Voilà ce que l'Empire vous donnera, s'il revient.

Car, enfin, vous avez donc admis qu'il pouvait revenir, puisque dans votre lettre d'invitation vous parlez ainsi? (*Oui! il reviendra! — Non! il ne reviendra pas!*)

Vous qui dites qu'il ne reviendra pas, vous vous trompez, car il n'est pas si loin que vous pouvez bien le supposer, et je vais vous en donner la preuve.

Non, l'Empire ne saurait être loin, lorsqu'après tous ses malheurs, lorsqu'après tous ses revers, il a trouvé moyen de se relever, d'être debout ici devant vous, dans ma personne, et de vous parler par ma voix! (*Tumulte violent. Applaudissements.*)

Il reviendra, et pour deux raisons :

La première, c'est que la Constitution le lui permet dans certaines formes prévues ;

La seconde, c'est que l'Empire a des assises plus larges et plus puissantes que les autres partis.

La royauté cherche son droit dans le ciel.

La République le cherche dans un principe philosophique qui s'impose.

L'Empire a des prétentions plus modestes et plus humaines, et il ne se reconnaît d'autres droits que ceux que vous voulez bien lui donner. (*Applaudissements.*)

L'Empire, c'est vous-même ; l'Empire, c'est le peuple sacré roi : et voilà pourquoi, lorsque Napoléon Ier fut couronné dans la vieille cathédrale de Notre-Dame, il saisit lui-même la couronne et la plaça sur sa tête, car celui qui est l'élu du peuple n'a pas besoin d'autre consécration. (*Applaudissements prolongés.*)

C'est de vos rangs, c'est de vos entrailles mêmes que l'Empire est sorti, et, ne l'oubliez jamais, le premier Empereur ne fut ni un noble, ni un prince, ce fut un simple officier, un simple plébéien comme vous tous ! (*Bravo ! bravo !*)

L'Empire reviendra donc, si vous le voulez... (*Oui, nous le voulons !*) Et si vous ne le voulez pas, il restera où il est, car il est de ces gouvernements qui n'ont pas la prétention de s'imposer par la force ou par l'intrigue. Le parti de l'Empire ne veut pas de conspirations ; il ne reviendra que par la légalité, et la seule légalité vraie, durable, c'est vous, le peuple !

Au jour du vote, vous vous compterez...

UNE VOIX. — Nous sommes sept millions ! (*Applaudissements.*)

..... Vous vous compterez et vous imposerez votre volonté.

Et nous avons le temps ; en ce moment, le pouvoir

est aux mains d'un gouvernement honnête, il est entre les mains d'un honnête homme.

Et si nous avons le regret de n'être pas à sa place, nous avons du moins la consolation de voir qu'il empêche les autres d'y être. (*Rires d'approbation.*)

Pour le quart d'heure, cela nous suffit.

Et quel étrange spectacle, messieurs, que celui auquel nous assistons et où nous voyons chaque parti affirmer que la France veut de lui.

La République prétend que la France est à elle ;

La royauté en dit autant ; l'Empire aussi.

Il y aurait peut-être un moyen de savoir exactement à quoi s'en tenir, ce serait de le lui demander une bonne fois... (*Hilarité et applaudissements.*) et de lui demander honnêtement et franchement, sans hypocrisie, c'est-à-dire autrement que les républicains le veulent.

Eux vous trouvent suffisamment intelligents pour les nommer à la députation, suffisamment intelligents pour élire un député, et trop bêtes pour choisir un gouvernement. (*Applaudissements.*) Nous ne sommes pas ainsi, nous autres, et nous voulons le débat loyal, franc, honnête.

Qu'est-ce qui les empêchait donc, sous la République, sous Gambetta, sous Thiers, sous Mac-Mahon, alors que leurs fonctionnaires étaient au pouvoir, de faire ce plébiscite que nous n'avons jamais cessé de réclamer et qu'ils n'ont jamais cessé de nous refuser.

Ce qui les en a empêchés, c'est qu'ils avaient peur de nous, peur de l'Empire, peur de la France? (*Longs applaudissements.*)

Et pourtant qu'ils osent dire ce que je vous dis ici, qu'un des leurs ose monter à cette tribune et répéter tout haut la déclaration solennelle que je vais vous faire au nom de tous les braves gens du parti de l'Empire.

Oui, si la France consultée penche en faveur de la République, je vous le jure, nous agirons comme ces matelots qui, dans la tempête, font vœu à la madone d'abandonner ce qu'ils ont de plus précieux, et tristes, désespérés, mais résignés, nous irons accrocher nos croyances à tout jamais, sur l'autel de la nation où se dresse le suffrage universel!

Que chacun de nos adversaires en dise autant, et la patrie est à tout jamais sauvée. (*Applaudissements prolongés et qui ne cessent que lorsque l'orateur quitte la salle.*)

Ce discours reproduit dans plusieurs journaux a donné lieu à des poursuites et à la mise en accusation devant la cour d'assises de la Seine, de MM. Paul de Cassagnac, Edmond Tarbé et Piel, gérant du journal *le Pays*.

COUR D'ASSISES DE LA SEINE

COMPTE RENDU

de l'audience du 13 décembre 1875

PRÉSIDENCE DE M. DUMAS

On s'attendait pour l'audience à une affluence énorme; elle a encore dépassé ce qu'on avait prévu.

Jamais nous n'avons vu autant de monde encombrer les vestibules du palais. A dix heures et demie, toutes les places étaient occupées et à onze heures on ne laissait plus entrer ni avocats ni journalistes.

Les cartes d'entrée avaient été réparties entre sept cents personnes environ, dont soixante journalistes.

Dès neuf heures, on se pressait à la grille du nouveau palais de Justice. C'était par là que devaient entrer les intéressés.

A onze heures moins cinq les trois « prévenus », MM. Tarbé, Paul de Cassagnac et Piel, font leur entrée dans la salle des assises, et vont s'asseoir au banc des accusés, à côté de Mes Lachaud et Grandperret, leurs défenseurs.

Nous ne pouvons énumérer toutes les célébrités de la presse et du monde politique qui encombraient la salle d'audience.

Citons toutefois :

M. le conseiller Berthelin et presque tous les magistrats et avocats de Paris; puis, dans l'assistance, MM. de Cassagnac père, Debrousse fils, de Lavalette, Voisin, député, Seillière, Lachaud fils, Grandperret fils, de Blowitz, Hébert, Piétri, Irisson d'Hérisson, et tout un parterre de dames fort élégantes.

L'audience est ouverte à onze heures et quelques minutes.

M. le président ouvre les débats et fait lire par le greffier l'arrêt de l'envoi devant la cour d'assises.

M. Charles-Adolphe Piel, gérant du *Pays*, cinquante ans, né à Cherbourg, demeurant à Paris, 10, rue de Valois ; M. Paul Granier de Cassagnac, homme de lettres, trente-deux ans, 4, rue Saint-Florentin ; M. Edmond Tarbé des Sablons, directeur-gérant du *Gaulois*, trente-sept ans, né à Paris, y demeurant 12, rue de la Grange-Batelière, sont renvoyés devant la cours d'assises de la Seine, comme prévenus :

Charles-Adolphe-Gabriel Piel :

D'avoir, en 1875, à Paris, en publiant à la date du 25 novembre 1875, dans un numéro du journal le *Pays* dont il est le gérant, et qu'il a signé en cette qualité, un article intitulé : « *Le discours de M. Paul de Cassagnac,* » commis :

1° Le délit d'excitation à la haine et au mépris du gouvernement, notamment dans le passage commençant par ces mots : « Et c'est justement, » et finissant par ceux-ci : « qu'un mensonge » ; dans le passage commençant par les mots : « Et vous fûtes obligés de faire contre eux les journées de juin, » et finissant par ceux : « La vôtre fut le massacre alors comme aujourd'hui, » et dans le passage commençant par ces mots : « D'ailleurs je suis bien bon, » et finissant par ceux-ci : « De mourir de faim. »

2° Le délit d'apologie de faits qualifiés crimes ou délits par la loi pénale, dans le passage commençant par ces mots : « Ont-ils trouvé des avocats », et finissant par ceux-ci : « En juin 1848. »

3° Le délit d'attaque contre le respect dû aux lois, dans le passage commençant par ces mots : « Et vous fûtes obligés de faire contre eux les journées de juin », et finissant par ceux-ci : « la vôtre fut le massacre, alors comme aujourd'hui », et dans le passage commençant par ces mots : « Et que vient-on me parler ici de l'égalité, » et finissant par ceux-ci : « Avec son large pied. »

Paul de Cassagnac,

De s'être en 1875, à Paris, rendu complice des délits ci-dessus spécifiés à la charge de Piel, en l'aidant et assistant avec connaissance dans les faits qui ont préparé, facilité ou consommé lesdits délits, et en procurant le moyen qui a servi à le commettre, sachant qu'il devait y servir.

Edmond-Joseph-Louis Tarbé des Sablons,

D'avoir en 1875, à Paris, en publiant dans le numéro du 26 novembre 1875 du journal le *Gaulois*, dont il est le gérant, et qu'il a signé en cette qualité un article intitulé : « *Le discours de M. Paul de Cassagnac* », commis les délits : 1° d'excitation à la haine et au mépris du gouvernement ; 2° d'apologie de faits qualifiés crimes et délits par la loi pénale, et 3° d'attaque contre le respect dû aux lois, et notamment dans les passages précités ;

Délits prévus par les articles 4 du décret du 11 août 1848 et 3 de la loi du 27 juillet 1849.

M. le procureur général Imgarde de Leffemberg, assisté de M. l'avocat général de Thévenard, occupe le fauteuil du ministère public.

M. le président, après avoir constaté l'identité des prévenus, lit tout en entier le *Discours de M. Paul de Cassagnac*.

Après cette lecture, on passe à

L'INTERROGATOIRE DES PRÉVENUS

M. LE PRÉSIDENT. — M. Piel, vous savez de quels délits vous êtes prévenu : excitation à la haine des citoyens et au mépris du gouvernement de la République, d'attaques au respect dû aux lois. Avez-vous quelques explications à donner sur la publication du discours de M. Paul de Cassagnac dans le *Pays ?*

M. PIEL. — M. de Cassagnac ne m'a pas remis de discours. Le secrétaire de la rédaction du *Pays* l'a coupé dans le *Gaulois.*

M. LE PRÉSIDENT. — Mais l'annonce en gros caractères publiée la veille et promettant la publication du discours ne vous permettait pas d'ignorer l'intention où l'on était de l'imprimer ?

M. PIEL. — Oui, mais je ne pouvais pas savoir qu'il y aurait des poursuites.

M. TARBÉ déclare qu'il ne présentera ses observations qu'après le réquisitoire de M. le procureur général.

M. LE PRÉSIDENT. — Monsieur de Cassagnac, vous êtes inculpé d'excitation à la débauche. — (*Etonnement et hilarité générale.*)

M. PAUL DE CASSAGNAC, *vivement.* — Ah ! monsieur le président, il ne manquait plus que ce chef d'accusation.

M. LE PRÉSIDENT, *revenant avec un sourire.* — Non, non, d'excitation à la haine et au mépris du gouvernement.

M. PAUL DE CASSAGNAC. — J'affirme de la manière la plus formelle que je n'ai rien remis à M. Piel, que je n'ai rien concerté avec lui. M. Piel est gérant du *Pays*, c'est un titre nominal, c'est une situation commerciale. Il n'a rien à voir dans ce qui se passe dans la rédaction du journal. Quant à moi, je ne suis pas plus responsable de ce qui se publie dans le journal que des faits divers qu'on y insère. Comme M. Tarbé, je présenterai des observations particulières au cours des débats, quand M. le procureur général aura prononcé son réquisitoire.

M. LE PRÉSIDENT. — Mais, si vous voulez, tout de suite.

M. PAUL DE CASSAGNAC. — Non, je vous remercie, j'attendrai M. le procureur général ; je crois que c'est plus prudent.

LE RÉQUISITOIRE

M. le procureur général Imgarde de Leffemberg prend la parole :

— Vous avez, dit-il, aujourd'hui, messieurs, à juger une question qui touche à l'ordre public et au maintien de la morale. Vous avez une tâche grave à remplir. Ce ne sont pas des hommes politiques que nous poursuivons, nous respectons leurs regrets, nous ne leur reprochons pas l'expression de leurs espérances, nous ne nous occupons ni du passé ni du présent, mais nous devons vous dire : il y a un gouvernement qui existe et qui a le droit de demander protection contre les attaques qui lui sont portées. Il n'est pas permis de nier devant la société la base sur laquelle il repose. C'est ce qui fait que nous sommes ici.

M. le procureur général reconnaît que MM. Piel et Tarbé sont légalement les auteurs principaux du délit, bien qu'ils paraissent les moins coupables. Son système de défense lui paraît faux. M. Piel n'a aucune importance au journal le *Pays*. Selon M. le procureur général, il a reconnu, dit-il, encore dans l'instruction, qu'il ne lisait jamais rien de ce qui s'imprimait et que M. de Cassagnac était le directeur réel, le maître absolu. C'est là la vérité, dit M. de Leffemberg. M. de Cassagnac ne peut prétendre qu'il ignorait que le discours eût été donné à l'impression. C'est au contraire par son ordre, que le discours a été publié, par son ordre seul. Il a tellement donné cet ordre, qu'il avait eu soin d'annoncer ce discours à l'avance.

Arrivant aux faits, M. le procureur général lit la lettre des ouvriers qui avaient invité M. de Cassagnac à la réunion de Belleville, il discute les passages incriminés du discours. M. de Leffemberg estime que le public de la soirée du 25 novembre n'était pas le public de Belleville.

C'était, dit-il, le gros des fidèles de la messe mortuaire de Saint-Augustin. Si le belluaire était entré dans l'antre du lion, le lion n'y était pas ou au moins il était fortement muselé, soumis, inoffensif. Au reste, si le public n'avait pas été aussi bien préparé et deviné, les nombreuses marques d'assentiment données au cours du discours n'auraient pas eu lieu. La salle était choisie. Le succès a été trop complet pour que cela ne soit pas.

« M. de Cassagnac était au milieu d'amis, et non du vrai peuple ; c'était la foule, la multitude. Il s'adressait à ceux qui sont tombés aux barricades ; il s'adressait à ceux qui n'étaient ni les nobles ni les prêtres d'autrefois, mais à ces hommes de 48 et de 71, et que Jules Simon allait consoler sur les pontons. A ces hommes venus pour l'écouter. M. de Cassagnac pouvait parler avec toute hardiesse, il n'y avait aucun danger pour lui. »

M. le procureur général combat longuement la théorie de M. de Cassagnac sur la souveraineté du peuple et celle sur la question sociale. L'honorable chef du parquet trouve mauvaise l'adulation prodiguée par M. de Cassagnac au peuple :

« Avec quelle flatterie on se présente à ces gens-là ! On leur dit : Je me présente à vous avec respect, parce que vous êtes le peuple, le dominateur des rois. Peuple, tu es infaillible, tu as tous les droits comme le Pape ; tes erreurs, ce n'est pas toi qui les a commises. Il y avait un jour un courtisan qui montrait la foule à un roi enfant : « Sire, tout ce « peuple est à vous. » Que dit d'autre M. de Cassagnac en parlant au peuple de l'impôt sur le capital, c'est-à-dire sur les riches ? »

Le passage sur la mort de Flourens excite surtout son indignation. Il proteste énergiquement contre l'hommage rendu à ce cadavre.

« La mort, dit-il, n'est noble que lorsqu'elle ne traîne pas derrière elle une trace de sang. Un siècle a coulé sur la mémoire de Robespierre sans la laver ; d'autres passeront encore, et la tache restera. Quand on brûle tant d'encens devant l'idole populaire, on est suspect de vouloir le tromper et abuser de sa bonne foi. »

M. le procureur général suit pas à pas l'argumentation de M. Cassagnac.

« Tout gouvernement, dit-il, peut être critiqué. C'est le droit des peuples libres. Mais l'invective dénuée de preuves constitue un outrage, parce qu'elle ne constitue pas une discussion, et c'est ici le cas. Ce n'est pas une critique quand on dit sans argument que le gouvernement établi est un mensonge.

« C'est une injure, et par conséquent c'est l'excitation à la haine et au mépris du gouvernement. Qu'aurait dit M. de Cassagnac, si on avait parlé contre le gouvernement impérial, il y a quelques années, comme il a fait à Belleville contre le gouvernement de la République ? M. de Cassagnac veut aujourd'hui la liberté pour tous ; plus tard, quand il sera le maître, ce sera la dictature.

« Je voudrais, dit en poursuivant M. de Leffemberg, n'avoir rien de désobligeant à dire à une veuve dont la situation ne m'inspire que des sentiments de respect, devant un jeune homme qui n'est pas responsable des malheurs d'autrui, mais comment ne pas faire remonter à un autre régime les calamités affreuses dont nous avons été frappés ? Comment ne pas lui attribuer la responsabilité de cette guerre effroyable dont nous portons encore le poids ? Ah ! il faut être hardi, il faut être bien hardi, comme l'est M. Paul de Cassagnac, pour oser nier toutes ces choses après le vote de déchéance qu'une Assemblée française a souverainement prononcée. (*Violents murmures dans la salle.*)

M. LE PROCUREUR GÉNÉRAL. — *Le ministère public n'accepte ni approbation ni censure.*

M. le procureur général discute ensuite, phrase par phrase, mot par mot, certains passages du discours, et trouve à chaque ligne, assure-t-il, l'excitation la plus coupable à la haine du gouvernement. C'est sa conviction intime, et il pense qu'il n'a pas besoin de longues démonstrations pour la faire partager par le jury.

« Vous parlez de césarisme, dit en poursuivant l'orateur. Le César antique, nous l'avons connu par l'histoire : c'était un de ces hommes devant lesquels la terre se tait ; mais qu'a-t-il duré ? et, après lui, qu'y a-t-il ? Des règnes de débauches et de crimes qui, commencés sous Auguste-Octave, se sont terminés avec Vitellius, dans une orgie.

« Nous avons connu le César moderne, ce génie immense, ce géant aux cent coudées. Qu'en a fait l'institution césarienne ? Elle l'a conduit à l'attentat de 1808 contre l'Espagne, à l'effondrement de 1812, à l'obstination de 1813. Et ce dieu des victoires, il a disparu laissant la France plus petite ; voilà ce César pour lequel on se passionne, et voilà ce qu'on désire ; voilà le gouvernement idéal que l'on se propose.

« M. de Cassagnac ne sollicite ni ne poursuit le césarisme dont je viens de parler. C'est à la plèbe et non au peuple qu'il s'adresse. Son discours lui-même le prouve. Le peuple de M. de Cassagnac ne reconnaît qu'une liberté utile : celle de vivre bien. Le peuple de M. de Cassagnac n'est plus un peuble, c'est un troupeau renfermé dans un cirque, et rassasié par un maître qui règne souverainement sur lui ; vingt millions d'esclaves, et un maître en haut. »

M. le procureur géneral poursuit par une dissertation sur le vrai bonheur des peuples et sur le langage qu'il faut lui parler quand on a l'intention de lui être utile. Cette sortie, fort littéraire, du reste, ne nous paraît pas se rattacher absolument aux faits de la cause. C'est pourquoi nous la passons sous silence.

Aux yeux du ministère public, M. de Cassagnac a tout mis en œuvre pour pervertir le sens moral dans les masses.

Discutant le passage relatifs à la souveraineté du peuple pour lier et délier, M. de Leffemberg s'exprime ainsi :

« Le peuple a absous le 2 Décembre. Qui est-ce qui le nie ? Ce serait nier l'évidence. Le 2 Décembre a reçu mes serments ; je les ai tenus fidèlement jusqu'à la dernière heure. L'Empereur Napoléon III, dont l'âme était généreuse et haute, et qui ne pouvait pas entrevoir les horribles malheurs que réservait l'avenir à son âme patriotique, a éprouvé lui-même le besoin de confesser, sur la porte de la prison de Ham, qu'on a toujours tort de violer la légalité. »

M. le procureur général termine en demandant au jury de prouver que le gouvernement a le devoir de se défendre contre les attentats qui peuvent mettre sa sécurité en péril.

M. Tarbé s'avance alors jusqu'à la barre des témoins et prend la parole en ces termes :

DÉFENSE DE M. TARBÉ

Messieurs,

Au moment où je me lève devant vous pour vous présenter quelques observations, je me sens l'objet d'un grand embarras. Le discours de M. le procureur général est, en ce qui me concerne, si différent de celui que je m'attendais à lui entendre prononcer que, surpris par une tactique judiciaire imprévue je dois renoncer à la défense que j'avais préparée. Il me faut donc faire appel à votre bienveillante attention d'une façon toute particulière.

Lorsque j'ai reçu l'assignation qui m'amène devant vous, messieurs, je me suis tout naturellement demandé qu'elle serait l'attitude du ministère public à mon égard, et j'ai cru que M. le procureur général serait obligé de s'arrêter à l'un des deux partis suivants :

Ou bien, mieux informé et mieux au courant des faits de la cause, il reconnaîtrait que le juge chargé de l'instruction et la chambre des mises en accusation s'étaient trompés et, en ce cas, il prendrait lui-même, auprès de vous, l'initiative de mon acquittement.

Ou bien, me considérant comme réellement coupable, il m'associerait à l'œuvre de réparation sociale qu'il juge nécessaire de poursuivre contre mon confrère et ami, M. Paul de Cassagnac.

Or, il se trouve que M. le procureur général ne s'est arrêté à aucune de ces deux hypothèses qui lui étaient commandées cependant par le respect de la loi et par les faits de la cause. L'organe du ministère public, au contraire, a pris, contre toute attente, un troisième parti qui, s'il dénote chez son auteur une certaine ingéniosité judiciaire, a justement le tort grave de contredire au texte même de l'assignation qui m'a été adressée.

En effet, messieurs, s'il faut en croire le réquisitoire de M. le procureur général, il se produit ce fait singulier que je suis à la fois coupable et innocent, et que ma condamnation est poursuivie sans espoir et peut-être sans désir de l'obtenir.

C'est là une situation, messieurs, que je ne puis accepter sans protestation et l'attitude du ministère public a cet effet, évidemment sans précédent dans les annales de la cour d'assises, qu'un accusé soit obligé, dans l'intérêt de sa considération professionnelle, de refuser les bénéfices d'une bienveillance qu'il n'a pas sollicitée et qui est plus compromettante pour lui que n'aurait pu l'être l'attaque la plus passionnée.

Mais, si je suis coupable, pourquoi ne me poursuit-on pas sérieusement? Si je suis innocent, que fais-je ici et pourquoi m'y a-t-on appelé ?

Ah! je vais vous le dire! C'est que M. le procureur général a voulu se servir de moi comme d'une sorte de pont pour franchir l'abîme de légalité qui le sépare de l'orateur de Belleville.

(Ici, M. le Président interrompt le prévenu et lui fait observer qu'il commet une erreur en joignant la prévention qui

l'amène devant la cour d'assises à celle dont M. de Cassagnac est l'objet. M. de Cassagnac est poursuivi comme complice du Pays *et non pas du* Gaulois. *Le président invite en conséquence le prévenu à ne pas baser sa défense sur un fait qui est matériellement inexact.*)

M. Edmond Tarbé, reprenant. — Je m'incline avec respect, messieurs, devant l'observation que m'adresse M. le président, et j'en tiendrai compte dans la limite du possible. Mais ce possible-là est limité lui-même, car toutes les fictions légales ne pourront rien changer à la vérité des faits. Or, la vérité est que M. de Cassagnac ne pouvait être atteint sans que le *Pays* le fût en même temps que lui et la vérité est que le *Pays* ne pouvait être poursuivi de son côté que si le *Gaulois* l'était d'abord, car le *Pays* n'est que la reproduction textuelle et intégrale du *Gaulois*.

Et j'ajouterai un argument auquel je n'aurais fait aucune allusion sans cet incident. Comment peut-on dire qu'il n'y a aucune connexité entre la prévention de M. de Cassagnac et la mienne, quand aucun des autres journaux qui ont publié avant moi, en même temps que moi, ou après moi, le discours de Belleville, n'est l'objet d'une poursuite analogue à la mienne ? Je suis donc en droit de dire que, si j'ai été poursuivi, c'est qu'en fait il fallait que je le fusse pour pouvoir atteindre mon confrère !

Mais, messieurs, la direction des débats ne m'appartient pas, et je me fais un devoir d'obéir aux observations de M. le président en n'insistant pas sur ce point.

C'est la même raison qui m'empêche de répondre aux attaques violentes dirigées par le ministère public contre M. de Cassagnac et, par conséquent, contre moi. Je le regrette cependant, car, si j'avais eu à cet égard la liberté de parole qui m'est refusée, j'aurais répondu à M. le procureur général des choses utiles à ma défense et utiles surtout à la morale publique.

J'arrive donc, sans plus tarder, à l'examen de la cause qui m'est personnelle et où me cantonne l'observation de M. le président.

La question qui s'agite pour moi, messieurs, est celle-ci : Ai-je commis une imprudence coupable en publiant le discours de M. de Cassagnac?

Si, après avoir entendu les explications de mon confrère, vous jugez que son discours ne renferme pas les éléments délictueux qu'y voit M. le procureur général, il va sans dire que mon procès est gagné. Je ne puis me voir reprocher d'avoir publié un document que votre verdict aura reconnu innocent. Il y aurait donc lieu pour moi de vous démontrer qu'il n'y a rien dans le discours de Belleville qui tombe sous le coup de votre justice. Mais je ne prendrai pas cette peine. C'est un soin qui incombe à mon confrère et ami ; c'est lui qui a prononcé le discours, c'est à lui de vous en démontrer l'innocence. Et je suis tranquille à cet égard : c'est une tâche dont il s'acquittera sans peine.

De telle sorte, messieurs, que je suis obligé, pour avoir quelque chose à plaider dans ma propre cause, de supposer que M. le procureur général n'a rien exagéré, que le discours de Belleville renferme bien tous les éléments de culpabilité qu'il y a trouvés, et — je fais à l'accusation la part belle — qu'il en renferme d'autres encore, auxquels le ministère public n'a pas songé et que je lui prête.

Eh bien, dans ce cas, le seul où on puisse tenter utilement de soutenir une prévention contre moi, je le déclare, messieurs, il vous est moralement et matériellement impossible de me condamner.

Et lorsque je vous aurai exposé les conditions dans lesquelles j'ai publié le discours de Belleville les circonstances qui ont accompagné sa publication, et enfin l'attitude conservée devant cette publication par les autorités sous la surveillance desquelles s'accomplit l'exercice de ma profession, je n'aurai plus qu'à me rasseoir : j'aurai gagné mon procès.

C'est vers le milieu du mois de novembre, messieurs, que j'ai appris que M. de Cassagnac avait le projet de prendre la parole dans une réunion où on l'avait convié à Belleville.

Puisque je vous fais ici une confession complète, je dois vous dire, messieurs, que je n'ai pas approuvé le projet de M. de Cassagnac, et je ne lui ai pas caché les inconvénients que je voyais à cette démarche qui le jetait tête baissée dans le milieu où se sont préparés le massacre des otages et les incendies de la Commune. Je craignais qu'on ne vît dans cette tentative, si elle donnait lieu à quelque désordre, comme une apparence de provocation de la part du parti bonapartiste. (*Sensation.*)

Mais il était trop tard ; M. de Cassagnac avait donné sa parole et il fallait que la réunion eût lieu.

Comment cette réunion était-elle composée, messieurs ?

Le ministère public vous a dit, en empruntant le langage employé sur d'autres scènes qu'un tribunal — le ministère public vous a dit que *la salle avait été faite*, et, comme preuve il vous a lu les *très-bien !* les *applaudissements* les *sensations profondes* dont le compte rendu que nous avons publié de la séance de la salle Graffard est émaillé.

Il m'étonne, messieurs, que le ministère public, qui a lu cette énumération avec tant de détails et de complaisance, n'ait pas vu les exclamations d'un autre genre dont ce même compte rendu est rempli, et qu'il ait passé sans vous les signaler sur les *protestations* les *murmures*, les *rumeurs*, les *agitations prolongées* et les *interruptions violentes*.

Tout cela s'y trouve cependant, et cela prouve que la salle n'était pas si bien *faite* que M. le procureur général vous l'a dit.

Mais ici encore j'accepte pour vraies les assertions de M. le procureur général, et je concède qu'il y avait dans la salle Graffard quatre mille personnes et autour de cette salle quatre mille autres personnes dont les figures rappellent celles que l'on voit à Saint-Augustin les jours de messes politiques.

Ah ! messieurs, si cela est vrai, cela prouve du moins qu'il y a huit mille braves et honnêtes cœurs qui ne se croient pas déliés de leurs serments et de leur fidélité par l'infortune et par la mort, et qui ne craignent pas d'aller jusqu'à Belleville affirmer un souvenir que d'autres n'ont pas su conserver. (*Longue émotion dans l'assistance.*)

Je reviens maintenant, messieurs, au fait même de la publication du discours dont les provocations du ministère public m'ont un instant écarté.

J'avais envoyé à la salle Graffard un sténographe et des reporters chargés de me rapporter les éléments de la publication du discours. C'est le mardi qu'ils ont recueilli les paroles de M. de Cassagnac, et c'est seulement le mercredi soir, à sept heures, que le sténographe chargé de la traduction de la sténographie en langue vulgaire a pu me livrer ce travail, qui, pour une heure de séance, demande neuf heures ininterrompues.

A ce propos, je dois vous dire que, par suite d'un malentendu dans les instructions que j'avais données, les épreuves imprimées du discours ne furent pas soumises à M. de Cassagnac, comme j'en avais donné l'ordre, afin qu'il pût rectifier ce que notre travail pourrait présenter d'incomplet. — Ceci a son importance, et je vous prie de ne pas l'oublier. — De telle sorte que le soir, à minuit, quand je revins au *Gaulois*, je crus que M. de Cassagnac avait revu des épreuves qu'il attendait au contraire chez lui, et que je donnai le bon à tirer, non sans faire, comme on a pu le voir, certaines réserves relatives à des considérations économiques sur lesquelles je ne me trouve pas d'accord avec mon confrère.

Et le lendemain matin jeudi, le *Gaulois* paraissait contenant une publication à laquelle je ne pouvais prévoir aucun inconvénient.

J'en prévoyais d'autant moins, messieurs, qu'il s'était produit un fait d'une grande signification. Je n'avais pas reçu dans la journée du mercredi la visite du *monsieur en habit noir*.

Ah! Messieurs vous n'appartenez pas au monde du journalisme et vous ignorez ce que c'est que le *monsieur en habit noir*. Permettez que je vous le présente, et que je vous le présente dans l'exercice de ses fonctions. (*Sourires.*)

Le *monsieur en habit noir*, messieurs, est un personnage correct et très comme il faut — ce qui n'a rien d'étonnant, puisqu'il est emprunté au personnel du ministère de l'intérieur. — Souvent son visage se modifie, souvent son nom change. Peu importe. C'est toujours le *monsieur en habit noir*, quels que soient son nom et son visage.

Il a pour unique fonction de servir d'intermédiaire officieux entre le ministère de l'intérieur et les rédactions des journaux où il vient apporter, dans les circonstances graves, des conseils de prudence et des avis mystérieux. Oh! messieurs, ne supposez pas que je me plaigne du *monsieur en habit noir* et que je le considère comme une sorte de *censure préventive ambulante* dont aurait à souffrir la dignité du journalisme! Non, le *monsieur en habit noir* n'exerce ses fonctions que dans les limites les plus réservées et quand il se présente chez nous, c'est qu'il y est amené par des considérations du plus haut patriotisme ou touchant au maintien de l'ordre public.

Eh bien, messieurs, je vous l'affirme, si la publication du discours de Belleville avait paru offrir le moindre danger pour le maintien de l'ordre public, j'aurais reçu la visite du *monsieur en habit noir,* comme je l'ai reçue cent fois dans des circonstances moins graves.

Et qu'on ne vienne pas dire qu'il était impossible de prévoir que la publication du discours de M. de Cassagnac présenterait quelque inconvénient ! Le discours de Belleville était connu ! Non-seulement M. le préfet de police était évidemment informé de ce qui s'était dit et de ce qui s'était passé dans la salle Graffard, mais encore certains journaux avaient publié des analyses assez complètes, le *Journal des Débats*, par exemple.

Cela est donc bien entendu : je n'ai pas été prévenu, et, comme je ne veux pas supposer qu'on ait voulu me tendre un piége, je suis obligé de croire que l'on ne voyait aucun inconvénient à la publication.

Voyons, maintenant, ce qui s'est passé le jeudi, jour où le discours a paru dans le *Gaulois*, et cherchons quelles susceptibilités il a éveillées dans les milieux où s'exerce la surveillance de la presse.

Messieurs, chaque jour les deux premiers exemplaires du *Gaulois* sont envoyés au palais de Justice, où M. le procureur de la République et ses attachés crayonnent d'un crayon bleu les passages qui leur paraissent un danger ou un délit. C'est de ce cabinet que part — lorsqu'il y a lieu — l'initiative d'une saisie ou d'une poursuite.

Voilà pour l'action judiciaire.

Chaque jour aussi, à la même heure, deux exemplaires de chaque numéro sont envoyés au ministère de l'intérieur, où M. le chef de division chargé du service de la presse et ses employés crayonnent d'un crayon rouge les passages qui leur paraissent offrir une attaque trop vive ou une gêne pour le gouvernement. C'est de ce cabinet que part — lorsqu'il y a lieu — l'initiative d'un arrêté de suppression sur la voie publique ou d'un arrêté de suspension. Voilà pour l'action administrative.

Qui a évité ce double écueil devrait se considérer comme

sauvé, n'est-il pas vrai? Ah! messieurs, il est réservé au journalisme une autre censure encore et, de par les lois qui régissent l'état de siége, nous sommes encore l'objet d'une surveillance attentive dans l'hôtel de M. le général Ladmirault, et c'est de là que partent quelquefois des observations destinées à éveiller l'attention, soit du palais de Justice, soit du ministère de l'intérieur, quand une imprudence de notre part a passé inaperçue.

Eh bien, messieurs, de toutes ces surveillances, quelle est celle dont notre publication a excité les susceptibilités? Aucune! Aucune, entendez-vous bien?

De telle sorte que le *Gaulois*, mis en vente dès le matin, sept heures, a pu se vendre impunément jusqu'à sept heures du soir ; de telle sorte que, toute la journée durant, les marchands de journaux sont venus enlever à nos presses des milliers d'exemplaires dont le nombre, cependant, ne suffisait pas à leurs acheteurs.

Messieurs, ne trouvez-vous pas qu'il y a dans le silence de ces autorités qui nous surveillent et qui nous examinent de si près, sinon une connivence ou une approbation, du moins l'aveu que notre publication ne présentait aucun des caractères délictueux que l'accusation y voit aujourd'hui?

Que s'est-il donc passé entre sept heures du matin et sept heures du soir? Quelles influences se sont donc agitées? Ah! je ne veux pas le rechercher, et je me contente de vous renvoyer à ces récits que tous les journaux ont publiés et qui n'ont été démentis par personne ; récits qui font remonter à des influences étrangères à l'action de la justice et de l'administration la responsabilité de notre poursuite. Je n'insisterai pas sur ce point. Il me suffira de vous l'avoir signalé et d'avoir attiré votre attention sur lui.

Messieurs, je pourrais terminer ici ma défense. Mais, comme je vous l'ai dit en commençant, j'ai dû, pour pouvoir admettre la justification de la poursuite, supposer que le discours de M. de Cassagnac était un discours coupable. Et je ne veux pas vous laisser sur cette impression.

Non. Les paroles de M. de Cassagnac n'offrent aucun caractère séditieux, et je dois vous dire à cet égard un souvenir qui m'est venu lorsque j'ai vu tout à l'heure M. le procureur général étaler devant vous des lambeaux de phrases arrachés au discours de Belleville et les soumettre ensuite à je ne sais quelle sorte de pressoir moral pour en exprimer le poison qu'il espérait y trouver devant vous.

Je me suis rappelé, messieurs, qu'un jour, emmené dans un amphithéâtre de médecine, j'ai vu — étendus sur une table de marbre — les lambeaux d'un cadavre que l'hôpital venait de fournir.

Il y avait là des chairs ouvertes, des muscles tranchés, des ossements disjoints. Il y avait surtout, dans un coin spécial, quelques-uns de ces organes qui échappent à notre regard pendant la vie et qui en sont cependant les principaux éléments.

C'est alors, messieurs, que le praticien se retourna vers l'auditoire où je me trouvais et qui attendait ses explications scientifiques, et c'est alors qu'il prononça les paroles suivantes, avec un accent que je ne saurais vous rendre et avec un geste intraduisible :

— Tenez, messieurs... voilà l'homme !

A ces mots, messieurs, je me sentis saisi d'une violente émotion et je fus sur le point de m'écrier : « Non ! non ! ce n'est pas là l'homme ! Non ! ce n'est pas l'homme ! Ce sont bien, si vous le voulez, des lambeaux et des débris humains, mais ce n'est pas l'homme !... » Pas plus, messieurs, que les lambeaux et les débris du discours de Belleville ne sont le discours de Belleville lui-même !

Ah ! c'est qu'au cadavre du discours — comme au cadavre de l'homme — il manque ce souffle divin qui est la vie et qui est la vérité ! Laissez, laissez, messieurs, avant de former votre jugement, laissez le discours de Belleville renaître dans la bouche de celui qui l'a prononcé, et vous y retrouverez toute sa couleur véritable et toute sa juste portée dans l'accent d'une parole loyale. (*Marques très-vives d'assentiment, aussitôt réprimées.*)

DÉFENSE DE M. DE CASSAGNAC

La parole est ensuite donnée à M. Paul de Cassagnac. Le jeune et brillant orateur, avec cette vigueur de langage dont il est coutumier, présente sa défense. La haute stature de M. de Cassagnac, son regard plein de feu et le timbre vibrant de sa voix commandent aussitôt l'attention. On se passionne bien vite en écoutant cette parole honnête, convaincue qui ne sait pas déguiser sa pensée sous des artifices oratoires, tout en conservant cette élégance de formes qu'on est habitué à applaudir dans les réunions publiques.

Voici son improvisation :

Messieurs les jurés,

Quand j'ai eu l'honneur de faire accepter ma cause par les deux éminents avocats qui sont assis à mes côtés, je m'étais dit qu'il serait inutile que je prisse la parole ; ma cause était en trop bonnes mains pour que je dusse penser à intervenir dans le débat.

J'étais donc décidé à me taire ; mais, après le langage âpre et ardent de M. le procureur général, il m'est impossible de rester dans la réserve que je m'étais volontairement imposée. Je n'apporterai point ici de larmoiements comme ceux que vous avez entendus tout le long de l'accusation ; ce n'est pas dans mon tempérament ; je n'apporterai pas de rétractations, ce n'est pas dans mon caractère. Je me bornerai simplement à de loyales explications, seule chose qui puisse convenir à d'honnêtes gens comme vous.

Je ne voulais pas parler, parce qu'il me semblait que ce procès n'est pas sérieux et qu'il ne reposait sur rien; en effet, je ne suis appelé ici que comme complice, et mes amis Piel et Tarbé sont d'après la prévention, les auteurs principaux des délits qui me sont reprochés, ce qui est assez original, vous me l'avouerez.

Je suis complice. De quoi?

D'un *article* que j'aurais fourni au *Pays*.

Or, ce n'est pas un article, c'est un discours, tout ce qu'il y a de plus discours, et je ne l'ai même pas fourni à Piel, puisqu'il l'a découpé dans le *Gaulois*.

M. Tarbé vous a démontré d'une façon lumineuse comment l'autorité a eu connaissance du discours de Belleville ; il vous a dit que le lendemain le *Journal des Débats*, l'*Echo*, l'*Ordre*, l'ont reproduit en entier ou à peu près.

Pourquoi ces journaux ne sont-ils pas ici, à côté de nous?

Pour le *Journal des Débats*, à la rigueur je le comprends ; car le juge d'instruction m'a déclaré qu'on avait considéré le compte rendu de ce journal comme un compte rendu de pure fantaisie.

Eh bien, la fantaisie, monsieur le procureur général, n'est

pas seulement dans le compte rendu du *Journal des Débats*, elle est encore et principalement dans votre accusation!

M. Tarbé vient de vous l'affirmer et avec autorité : c'est moi qu'on voulait atteindre, moi seul, moi avant tout?

Et c'est pour que je ne fusse pas seul ici qu'on y a fait venir le directeur du *Gaulois* et le gérant du *Pays*.

Comme orateur de Belleville, on ne pouvait pas m'atteindre; la loi me couvrait, me protégeait. J'ai parlé dans une réunion privée. Ce qui s'y est passé ne regardait personne, et voilà pourquoi on a employé un moyen inouï qui transgresse et fausse la loi, et qu'on m'a cité comme complice imaginaire d'un délit encore plus imaginaire.

Il me serait facile de suivre M. le procureur général dans ses digressions juridiques plus que contestables et ee m'abriter derrière une loi qui se dresse comme une barrière infranchissable entre l'acccusation et moi.

Mais cela ne rentre ni dans mes habitudes ni dans mes désirs.

Je me bornerai à vous rappeler que l'*Union* et la *Liberté* recevaient l'aver issement officieux de ne pas publier mon discours, et ils ne le publiaient pas.

Or, moi je n'ai rien vu de pareil; le *Gaulois* n'a rien reçu.

Qu'est-ce que cela veut donc dire?

M. Tarbé vous l'a indiqué légèrement ; moi je vais vous le dire carrément : on a voulu me tendre un piége, oui, un piége!

Ce piége, je le vois devant mes pieds et je n'y tombe pas j'y descends librement et de plein gré.

J'y descends, car je me trouve placé dans une situation intolérable pour un honnête homme.

Et que m'importent la prison, l'amende, l'interdiction des droits politiques, qui m'attendent peut-être?

Qu'est-ce que cela me fait en présence des accusations qui tendraient à me faire passer pour un homme faisant appel à des passions honteuses, à des appétits malsains, à des excitations qui me laisseraient méprisable et déshonoré, et contre lesquelles proteste ma vie entière?

Ma condamnation! cela regarde votre conscience.

Ma justification! cela regarde la mienne.

Et, entre les deux, je n'hésite pas, risquant l'une pour conquérir l'autre.

Et, advienne ce qu'il pourra, je serai tranquille, je serai joyeux même si je sors d'ici vous ayant prouvé que je suis un brave homme et que j'ai mérité l'estime de tous les gens de cœur.

Qu'est-ce que c'est que ce discours de Belleville?

Qu'est-ce que c'est que ce texte dans lequel l'accusation promène son scalpel, en cherchant des fibres invisibles qu'on ne peut apercevoir qu'au microscope?

Est-ce là le véritable texte, le véritable compte rendu de la séance? Non, mille fois non.

Sans doute le compte rendu du *Gaulois* a été fait loyalement; mais, comme le compte rendu du *Journal des Débats* et de l'*Echo*, ce n'est qu'un compte rendu hâtivement fait, imparfait, et qui est l'écho affaibli des paroles que j'ai prononcées.

Tout ce qui s'y trouve a été dit, c'est vrai; mais d'autres choses fort étendues ne s'y trouvent pas, qui ont été dites également et qui en corrigent et en mitigent les points principalement incriminés.

Le texte que vous avez entre les mains, recueilli à la volée par un sténographe, n'est pas le mien, je l'ai affirmé dès le lendemain, et personne n'a le droit de s'en servir pour en tirer de graves contradictions avec mon passé.

Que faut-il donc faire pour en combler les lacunes et en rétablir le sens vrai?

Le bon sens vous l'indique. La vie politique d'un homme, ses opinions, ses doctrines, ne sont pas contenues dans un alinéa tronqué, dans quatre phrases mal équilibrées et infidèlement rapportées, et dont l'auteur répudie hautement la paternité.

Il faut compléter ce qui manque par le langage de tous les jours, avec la vie entière de l'homme attaqué.

Et M. le procureur général me semble malheureusement employer une vieille méthode bien connue et qui consiste à vouloir faire pendre un homme avec deux lignes de son écriture.

Si, messieurs, cela se faisait encore, je serais bien près des branches. (*Rires.*)

Mais, par bonheur pour moi, il y a entre la corde et moi toute l'étendue de votre impartialité et de votre justice.

Qu'y a-t-il dans le réquisitoire que vous venez d'entendre? Bien des choses diverses et qui jurent ensemble.

Il y a d'abord tout ce qui ne regarde pas le procès, et c'est le plus épais.

Puis, il y a ce qui concerne l'accusation, et c'en est la moindre partie.

Dans ce qui ne regarde pas le procès, il y a une infinité d'histoires dans lesquelles je vous demande la permission de ne pas entrer. M. le procureur général vous a parlé de Vitellius, de César, d'Héliogabale, de Montesquieu, le tout couronné par un éloge outré du gouvernement de Juillet.

Moi, messieurs, je ne vous ferai l'éloge d'aucun gouvernement, pas plus de ceux qui sont passés que de ceux qui sont à venir.

D'autant que ce que M. le procureur général vient de vous dire du gouvernement de Juillet, il l'a dit en termes aussi enthousiastes du gouvernement de l'Empire autrefois.

Dans sa bouche, cela n'a donc pas grande importance, et je ne m'y arrêterai pas. (*Rires.*)

Je n'ai pas de politique à faire ici, messieurs ; je n'en ferai pas, malgré les excitations qui m'y poussent, et je me borne à vous établir ma bonne foi.

Je suis obligé pourtant de vous dire un mot de cette réunion de Belleville, si agréablement raillée par M. le procureur général.

Je lui rappellerai qu'à l'époque où il remplissait les fonctions de procureur général sous l'Empire, avec la même autorité qu'il met à remplir les fonctions de procureur général sous la République, c'était déjà l'usage de mettre sur le compte de la police les manifestations qui gênaient.

Ainsi, l'affaire dite des blouses blanches, du procès de Blois, tout cela était traité de manœuvres de parti, et pourtant tous les hommes qui s'y trouvaient reparurent plus tard parmi les bandits de la Commune.

Aujourd'hui, la mode est changée. On vous dit qu'à Belleville il n'y avait que des amis, que des comparses.

M. le procureur général, qui représente ici l'ordre, la société, devrait s'estimer heureux de voir que Belleville s'amende et se range aux idées conservatrices. Mais comme il se range à l'Empire, cela le gêne, et il préfère laisser supposer que Belleville est toujours infâme.

Tout cela pour les besoins de la cause !

M. le procureur général vous a parlé de saint Paul, et en cela a commis une rare imprudence. Car saint Paul rappelle forcément saint Pierre.

Or, s'il est vrai que saint Paul, ainsi que l'a dit M. le procureur général, a fait à Athènes moins de conversions que moi à Belleville, il a sur saint Pierre l'avantage de n'avoir jamais renié ce qu'il avait servi et adoré. (*Vive sensation*.

Le réquisitoire vous a dit que j'avais prêché la corruption, que j'avais été jusqu'à dire que le but de la vie consistait à bien boire, à bien manger, à bien dormir ; que j'avais inventé un nouveau dieu, dieu ignoble, le dieu *Ventre* comme l'auraient appelé les Romains de la décadence ; que j'avais fait appel aux plus bas appétits.

Tout cela est faux, faux dans ma pensée et dans ma parole

Oui, j'ai dit que le gouvernement doit la richesse au peuple, et je le maintiens ; oui, il doit la richesse par le travail ; oui, il doit donner à ceux qui souffrent le moyen de gagner honnêtement leur vie, d'arriver à posséder ; et, s'il ne servait pas à cela, il ne servirait à rien !

C'est au peuple à faire bon usage de ce gain légitime, et quand j'ai dit qu'il avait le droit de se corrompre, j'ai expliqué suffisamment ce que cela voulait dire. Cela voulait dire que le gouvernement, par ses ministres, par ses préfets par ses gendarmes, était dans l'impossibilité de l'empêcher de mal dépenser la pièce de vingt francs qu'il avait amassée C'est comme le suicide, chacun le peut accomplir, mais cela n'implique pas l'éloge de ce crime.

Je n'ai pas dit autre chose.

Quant à l'impôt sur le revenu, parlons-en ! M. le procureur général ne paraît pas trop savoir ce que c'est, et il insinue avec horreur que cela veut indiquer l'impôt sur le riche

Eh ! messieurs, sur qui donc, par hasard, placerait-on l'impôt, si ce n'est sur le riche ? Et qui donc doit payer, si ce n'est le riche ?

Voulez-vous l'impôt sur le pauvre, vous ? Moi je n'en veux pas !

Et M. le procureur général n'est pas d'une extrême habileté en flétrissant une forme d'impôt qui peut se discuter mais qui a été proposée par MM. Goudchaud et Passy, ministres de la République. (*Rires.*)

Et permettez-moi un dernier mot sur la corruption de

l'Empire : sous l'Empire il y avait 21 millions à la Caisse d'épargne, aujourd'hui, sous la République, il y en a 15, voilà la différence.

Ce que j'ai voulu faire à Belleville, je vais vous le dire. Je fais partie de ce que M. le procureur général, dans son amour nouveau du gouvernement de Juillet, doit appeler les *classes dirigeantes*, et je suis convaincu qu'il m'appartient, qu'il nous appartient à tous, d'aller dans ces endroits-là, de se mettre à la tête du peuple, de le diriger et de le conduire.

Si nous nous mettions à sa tête résolument, au lieu de l'abandonner à des hommes pervers, nous empêcherions bien des malheurs.

Aucun programme, même ceux qui paraissent avancés, n'est dangereux fait par nous les autoritaires, par nous les conservateurs.

Guidé par nous, le peuple ira au travail, ira à la fortune honnêtement acquise et ne rêvera en temps de paix qu'au bien ; en temps de guerre, qu'au patriotisme !

Entre autres choses qui ne concernent nullement le procès qui m'est fait, et qu'a dites M. le procureur général, je trouve cette fameuse déchéance de Bordeaux qu'on a fait sonner bien haut tout à l'heure.

A ce point du réquisitoire il s'est élevé, dans cette salle, des protestations, qui ne sont, j'en suis certain, que l'écho affaibli des protestations qui demain partiront des quatre coins de la France.

Cela me suffit, nous suffit, et je passe !

J'arrive enfin à l'accusation.

Il y a trois chefs d'accusation :

Voyons le premier ; c'est celui d'*apologie de faits qualifiés crimes*.

Messieurs, à l'époque où il m'est arrivé souvent, trop souvent, de jouer ma vie contre ceux qui sont devenus les chefs de l'insurrection, contre Rochefort, Lissagaray, Lockroy, Flourens, Ranc ; à l'époque où le soir de la première représentation de *Lucrèce Borgia* j'étais l'objet des outrages et des menaces de la part de deux mille scélérats ; le jour où j'ai vu ma maison assiégée par une foule écumante ; le jour où, après les obsèques de Victor Noir, des milliers d'hommes ébranlaient les barreaux du journal où j'étais, et ce jour je fis ma prière, croyant que j'allais mourir; à ces époq différentes où je disputais ma vie aux combats et aux ass sinats, j'aurais été bien surpris, si l'on m'avait dit q viendrait un temps où un procureur impérial me reprocher d'être le complice de ces hommes que je hais de toutes forces de mon âme!

Je me serais dit qu'il faudrait, pour en arriver là, que sens moral dont parle si complaisamment M. le procure général fût bien perverti et bien troublé!

Et je n'aurais pas eu tort, vous venez de le voir.

Et que M. le procureur général me laisse le lui dire : jamais dans l'avenir ces événements sinistres venaient à reproduire, est-il bien certain que c'est sa tête et non mienne qu'on prendrait la première? (*Sensation.*)

Moi, l'ami des radicaux et des communards?

Allons donc!

Monsieur le procureur général, vous écrivez « oui » s du papier, eux, ils ont écrit le contraire sur mon corps, av la pointe de leur épée! (*Sensation.*)

Le deuxième chef d'accusation comporte l'*attaque au re pect dû aux lois.*

Voyons, est-ce sérieux?

Moi, attaquer les lois? Mais n'ai-je pas été toute ma vie défenseur ardent des lois, de la magistrature, du clergé, tout ce qui est respecté et respectable?

Et on vient me dire cela avec un texte tronqué, altéré, i complet, et qui a trait au 2 Décembre!

Je ne vous parlerai pas du 2 Décembre, messieurs. Tout l'heure, M. le procureur général vous a déclaré qu'il éta absous, et devant une parole aussi autorisée, qui lave of ciellement le coup d'Etat, je n'ai qu'à me taire.

Cette justification tombée du haut du siége du ministè public, fait désormais indemne le coup d'Etat; je la r cueille, je l'enregistre, car elle interdit désormais tou attaque contre lui. (*Rires.*)

Oui, et désormais la question est réglée. (*Nouveaux rire*

En parlant de ce que le peuple efface de son large pie je n'ai parlé que du coup d'Etat, de ce fait historique q remonte à vingt-six ans, et je n'ai pas parlé d'autre chos

Et, sur ce point, vous le voyez, je suis d'accord avec le ministère public.

Mais en faire une doctrine générale, un appel à l'émeute, à l'insurrection permanente, voyons, Messieurs, l'avez-vous supposé un seul instant?

Le droit populaire est un droit qui s'impose à tous, dans le sens plébiscitaire, et celui-là, je le défendrai contre tout le monde, heureux et fier que je suis aujourd'hui d'en être le champion. Et ce droit populaire, je pense que personne ici n'ose le nier, n'est-ce pas?

Vous le voyez, il n'y a rien de sérieux dans cette accusation, comme dans la précédente.

Mais M. le procureur général a fait tout à l'heure une singulière théorie historique, quand il a dit qu'en 1793 le *large pied du peuple* foulait Nantes avec Carrier, Arras avec Lebon, Toulon avec Fréron, et Paris avec Marat.

Cela n'est pas, messieurs, et c'est une calomnie contre le peuple.

En 1793, le *large pied du peuple*, du vrai peuple, du peuple honnête, était ailleurs. Il chaussait les sabots glorieux du bataillon de la Moselle ou foulait les bruyères de la Vendée, il se battait à la frontière ou priait Dieu dans les souterrains. (*Sensation.*)

J'arrive au troisième chef d'accusation, à l'*attaque au gouvernement.*

Si l'endroit où je suis, messieurs, donnait l'envie d'être gai, je m'amuserais fort de cette accusation. Mais je vous jure que je n'ai nulle envie de rire.

J'aurais attaqué le gouvernement, dit l'accusation, parce que j'ai attaqué la République?

Allons, allons, ne jouons pas ici sur les mots et poussons au fond des choses. Quand j'ai prononcé le mot de République, je n'ai certainement pas pensé à celle-ci, que MM. Naquet, Lockroy et Louis Blanc déclarent n'en avoir que le nom. Je n'ai pas voulu parler de cette République où M. Buffet disait au centre gauche, nuance républicaine assez modérée pourtant : « Je ne serai jamais votre allié ! » Je n'ai jamais voulu parler de cette République qui présente ceci de curieux, de drôle, d'étonnant, qu'elle n'est vilipendée que par les vrais républicains, et qu'elle n'est défendue que par les monarchistes et les vrais conservateurs. (*Rires.*)

Quand j'attaque la République, je ne parle pas de celle de Louis-Napoléon, de celle de Cavaignac, de celle de Bonaparte premier consul. Celles-là, je les accepterai quand vous voudrez.

La République que j'attaque, c'est celle qu'a définie M. Thiers, et qui, commençant au sang, finit à l'imbécillité.

Quand le Maréchal est arrivé au pouvoir, j'ai dit que c'était un jour béni qui nous sauvait de tous les dangers. et je lui ai fait serment de fidélité. Ai-je jamais manqué à ce serment? Quand la question de prorogation des pouvoirs du Maréchal s'est soulevée, j'ai dit que tout parti doit toujours, suivant la parole de Washington, se conduire comme un brave homme, et j'ai engagé tous mes amis, parmi lesquels il s'en trouvait de très-impatients, à accepter la prorogation. Ils me reprochaient d'avoir retardé la réalisation de leurs désirs en défendant le gouvernement; ah! ils doivent bien s'amuser aujourd'hui en me voyant sur le banc des accusés, et ils doivent se dire que l'appel que certains ministres faisaient aux hommes de bonne volonté est singulièrement exécuté?

Je n'ai pas autre chose à dire. Je crois qu'il ne reste rien du réquisitoire de M. le procureur général, rien qu'une vaine rhétorique qui surnage... parce qu'elle est fort légère.

Mais je tiens à vous dire pourquoi l'on m'a conduit ici.

Est-ce pour m'infliger de la prison?

Non, et la prison m'est égale; je sais ce que c'est que la prison, messieurs, j'en ai l'habitude, en ayant fait huit mois pour la France dans les casemates de l'Allemagne!

Est-ce pour me donner de l'amende?

Non, je ne la crains pas, je suis pauvre.

Ce qu'on veut, c'est m'enlever mes droits politiques! Ce qu'on veut, c'est m'empêcher d'arriver à la prochaine Assemblée pour laquelle me désignent les sympathies de mes concitoyens! (*Sensation.*)

Mais vous vous y opposerez, messieurs.

Si vous êtes mes amis, je puis compter sur votre justice, et elle me suffit.

Si vous êtes mes ennemis politiques, je compte sur votre justice aussi, mais plus encore sur votre générosité.

Car vous ne voudrez pas m'empêcher, moi, votre ennemi le plus acharné, d'aller vous combattre à la tribune!

Dans la salle des délibérations, où vous allez vous rendre tout à l'heure, vous vous souviendrez de tout ce que j'ai dit, de tout ce que j'ai fait pour conserver votre estime.

Vous garderez aux oreilles l'écho vibrant de ma conscience révoltée et indignée, et vous n'accorderez pas à M. le procureur général ma réputation, ma liberté, mon honneur, qui seraient le prix de sa défection! (*Vive émotion dans l'auditoire.*)

INCIDENT

Après une suspension d'audience qui dure vingt minutes, l'audience est reprise.

M. LE PRÉSIDENT. — Monsieur de Cassagnac, je vous prierai de me dire dans quel texte de loi vous avez trouvé que l'on devait vous enlever vos droits politiques?

M. LE CASSAGNAC. — Monsieur le président, je ne fais allusion à aucun texte de loi. J'ai parlé sous l'inspiration d'inquiétudes bien légitimes, et votre question me prouve que je n'ai aucun droit d'en avoir. Je vous en remercie et puis alors retirer tout ce que j'ai dit à ce sujet.

M. LE PRÉSIDENT. — Retirez-vous aussi tout ce que vous avez dit relativement à l'intention malveillante du parquet?

M. PAUL DE CASSAGNAC. — Egalement, du moment où cela devient inutile, mais uniquement par déférence pour vous

PLAIDOIRIE DE Me GRANDPERRET

Messieurs,

Après les observations si complètes, si saisissantes, si décisives de MM. Paul de Cassagnac et Tarbé des Sablons, je voulais garder le silence. Ne suffisait-il pas que l'auteur du discours incriminé vînt, ainsi qu'il l'a fait, expliquer loyalement sa pensée, la maintenir sans doute, mais en répudiant des interprétations contre lesquelles protestent avec énergie les sentiments auxquels il a voué son talent, son courage et sa vie elle-même? Oui, cela suffisait, car personne, que je sache, même parmi les plus implacables ad-

versaires de cet écrivain, personne n'a jamais songé à l
imputer un manque de franchise et à le taxer d'hypocrisi
Ses explications étaient donc suffisantes; mais, puisqu'c
m'a fait l'honneur d'insister, pendant la suspension de l'au
dience, je viens à mon tour concourir à l'œuvre de justic
pour laquelle nous sommes tous réunis aujourd'hui.

Une œuvre de justice, c'est bien là, n'est-ce pas, ce qu vous voulez, messieurs les jurés, et par conséquent il ne peu rester rien ici, ni des ardeurs qui ont précédé et entouré c procès, ni des passions qui l'ont suscité, ni des intervention ennemies qui se sont produites dans le monde parlemen taire et ont obsédé le gouvernement, rien, en un mot, de c qui pourrait engendrer soit contre nous de l'antagonism soit pour nous de la sympathie. Redouter l'un de votre par serait un manque de respect; réclamer l'autre serait un sollicitation sans dignité, et nous nous bornons à dire qu chacun ici, selon son rôle et sa situation dans le procès, doi tendre à cette noble et grande chose qui s'appelle la justic et qui nous rend tous meilleurs lorsque nous y aspirons ave sincérité, car elle nous attire et nous élève au-dessus de l région où s'agitent nos funestes et cruelles discordes poli tiques.

Vous vous êtes donc proposé, messieurs, d'examiner ave sang-froid et impartialité ce qui existe réellement sous l'a bondante et singulière énumération de délits que contien la prévention à laquelle nous avons à répondre : Excitation a la haine et au mépris du gouvernement; apologie de fait qualifiés crimes ou délits par la loi pénale; attaques contre l respect dû aux lois.

Pour mon compte, quand j'ai rapproché ces imputation menaçantes du discours qui a motivé la poursuite, j'ai ét profondément étonné; et je suis obligé d'ajouter, qu'aprè avoir entendu M. le procureur général, je ne suis point re venu de ma première surprise.

Ah! par exemple, ce qu'il est plus facile de comprendre et ce qui ne peut surprendre personne, c'est l'hésitation qu semble avoir précédé les mesures de rigueur prises contr les deux journaux poursuivis.

Il est peu vraisemblable que l'autorité n'ait pas été immédiatement renseignée sur tout ce qui s'est passé et dit à Belleville, et si le discours prononcé dans la soirée du 23 novembre présentait réellement le caractère coupable qu'on veut lui attribuer, on en eût été frappé dès le premier moment, et on aurait tenu la conduite commandée en pareille circonstance, c'est-à-dire qu'on eût empêché la publicité que les journaux allaient lui donner : c'était bien facile. M. Tarbé des Sablons vous a donné sur ce point des renseignements auxquels je n'ai rien à ajouter. Il suffisait d'un de ces avertissements que l'autorité transmet souvent aux journaux et dont l'efficacité est garantie par l'état de siége. Un simple avis et le discours n'était pas publié, tout était fini et il n'y avait pas de poursuite ce qui eût mieux valu pour tout le monde.

Eh bien, voyez, Messieurs, le discours est prononcé le mardi soir; dès le mercredi matin, le *Journal des Débats* publie sous forme d'analyse un compte rendu dans lequel se trouvent quelques-uns des passages incriminés : on ne le poursuit pas, et ce n'est que le lendemain jeudi que le *Gaulois* insère le discours. On avait eu ainsi, avant la publication du *Gaulois*, une journée entière pour aviser et prendre un parti, et si le discours eût contenu ce que prétend aujourd'hui la prévention, des excitations subversives, des outrages aux lois, des apologies criminelles, on eût agi sans indécision, la clairvoyance de l'autorité n'eût pas été à ce point obscurcie, on eût interdit de nouvelles publications et on eût rempli ce grand devoir qui est en même temps l'une des plus nobles et plus protectrices immunités de la puissance publique, le devoir de prévenir les délits quand c'est possible, de les empêcher pour n'avoir pas à les punir. Ici, heureusement, il n'y a rien à punir, et c'est ce qui explique sans doute l'espèce de consentement donné par l'autorité à la publication du discours.

C'est donc jeudi matin seulement que le *Gaulois* publia son compte rendu. Oh! cette fois, puisque la journée doit se terminer par une saisie, qu'au moins elle ne se fasse pas attendre, et alors les journaux du soir, avertis par l'infortune des feuilles du matin, s'abstiendront de reproduire le périlleux discours. Eh bien, non : le *Gaulois* répand son compte rendu à des milliers d'exemplaires, la distribution et la vente commencent dès ce matin, et ce n'est qu'à sept heures du soir qu'intervient la saisie, qui eût sauvé les feuilles du soir, si elle eût été opérée dans la journée. Mais alors M. de

Cassagnac n'aurait point été compris dans la poursuite, car il n'est point cité comme complice de M. Tarbé, mais comme complice de M. Piel, gérant du *Pays*.

C'est assez vous dire qu'il n'y aurait point eu de poursuite car si M. Tarbé, qui n'est pas sérieusement dans le procès, eû dû y figurer seul, il est certain qu'on y aurait renoncé. On voulait que la saisie frappât le *Pays*; mais il fallait qu'elle passâ d'abord par les bureaux du *Gaulois*, dont la sténographie avait été reproduite par le *Pays*, et c'est ainsi que M. Tarbé bien à contre-cœur, a servi à amener M. de Cassagnac dans ce débat. Mais celui-ci se vengera en prenant M. Tarbé par la main et en l'emmenant avec lui. Au surplus, M. Tarbé n'a besoin de personne pour se dégager de la prévention; mais il ne lui déplaît point, j'en suis certain, que je constate entre lui et Paul de Cassagnac une communaute de confiante espérance en votre verdict et de fermes liens de confraternité de chaleureuse jeunesse, de talent et de convictions fidèles

Donc, avec une saisie plus diligente, M. Paul de Cassagnac n'était pas compris dans la poursuite, ce qui, pour certaines gens, eût enlevé à ce procès sa saveur politique et les espérances haineuses qui s'y rattachent.

Eh bien, il y est, dans ce procès, qu'on soit content!... au moins jusqu'à votre verdict! Il est dans le procès, et il y est à titre de démagogue!... Lui, l'écrivain que vous savez, c'est un démagogue! Il a attaqué les lois, il s'est incliné avec un vil respect devant des crimes, il les a glorifiés, et puis il a fomenté ou caressé lâchement les plus bas et les plus coupables instincts!... Il a fait cela, lui!... lui qui tous les jours, monsieur le procureur général, combat avec une constance et une énergie sans égales et bien dignes d'être imitées, précisément par ceux qui font les choses que vous lui imputez, et qui sont animés contre lui de fureurs révolutionnaires qui vous sont reconnaissantes, monsieur le procureur général, de la poursuite que vous soutenez aujourd'hui! (*Vive émotion.*)

C'est lui, messieurs les jurés, Paul de Cassagnac, qu'on fait comparaître devant vous comme entaché de démagogie et de sédition! Eh bien, je vous dis, moi, que cette poursuite n'est pas seulement une poursuite sans fondement, mais que c'est une ingratitude; je vous dis que, lorsque du côté de la défense sociale on compte un soldat comme celui-là, ce n'est pas aux conservateurs à faire l'office de ceux qui n'ont pu encore le coucher par terre! (*Émotion.*)

Voyons donc ce que contient cette étrange prévention!

Je ne suivrai pas le procureur général dans ses excursions à travers l'histoire romaine; je ne le suivrai pas dans son manifeste sur le gouvernement de juillet et qui semble indiquer de sa part une nouvelle évolution; je ne le suivrai pas non plus dans les censures qu'il a adressées à l'Empire, parce que je serais obligé de le suivre en même temps dans les apologies dévouées qu'il en a faites en d'autres temps!

J'examinerai simplement et rapidement les chefs de la prévention; et voici le premier passage du discours qui contiendrait un délit d'excitation à la haine et au mépris du gouvernement :

« Et c'est justement à cause de cela que je n'en suis plus!

« Non, je n'en suis plus! car je sais maintenant que cet idéal n'est qu'une tromperie et qu'un mensonge! »

Pour comprendre ce passage, il faut rappeler les paroles qui le précèdent :

« La République! quel mot sonore et magique! et qui de nous peut dire qu'il n'en a pas ressenti les mirages trompeurs?

« Pour moi, dans ma tendre jeunesse, pour vous peut-être encore, c'est l'idéal de l'honnêteté, de la vertu, du patriotisme.. »

Excitation à la haine et au mépris du gouvernement! Ce n'est pas croyable! Comment! dire que dans sa tendre jeunesse on s'est fait de la République comme un merveilleux idéal, mais que ce n'était qu'un mirage trompeur, c'est commettre un délit, c'est exciter à la haine et au mépris du gouvernement!

Qu'est-ce donc que le gouvernement? Entendons-nous : s'il existe dans les lois une prohibition de discuter, de critiquer le principe républicain, c'est-à-dire un être moral, un principe abstrait, qu'on nous montre cette loi et qu'on en demande l'application, si elle a été enfreinte; mais alors qu'on recommence la poursuite sur une autre base; qu'on nous signifie une nouvelle prévention, mais qu'on nous montre la loi sur laquelle on s'appuiera, je ne la connais pas. Aussi la prévention s'est-elle bien gardée de formuler une inculpation de cette nature; son grief contre les prévenus résulte d'une prétendue excitation à la haine et au mépris du gouvernement.

Or, tout le monde connaît la définition de ce mot gouvernement : c'est l'ensemble des pouvoirs publics établis par la Constitution. Je n'ai pas besoin de rappeler ce qu'étaient les pouvoirs publics sous la royauté et l'Empire. Aujourd'hui ce sont les pouvoirs établis par les lois constitutionnelles, ceux de l'illustre maréchal de Mac-Mahon, des ministres et des assemblées, dont l'une va naître et l'autre mourir pour être remplacée. Or, aperçoit-on dans le passage du discours des expressions de haine et de mépris, soit contre le maréchal, soit contre les ministres, soit contre les assemblées? Personne ne peut le prétendre, et alors le délit n'existe pas.

Et ici, j'ai l'avantage de me trouver en parfaite conformité de doctrines avec M. le vice-président du conseil. Voici des déclarations toutes fraîches qui viennent d'être faites devant la commission parlementaire chargée d'examiner un nouveau projet de loi sur la presse. Cette commission, qui était composée en majorité de membres appartenant au côté gauche de l'Assemblée, était désireuse d'introduire dans les dispositions proposées par le gouvernement un texte interdisant toute agression contre le principe même des institutions républicaines. Voici comment M. Buffet a répondu.

Ici M. Grandperret cite les déclarations faites devant cette commission par les ministres de la justice et de l'intérieur, — puis il continue :

C'est précisément ce que je vous disais il y a un instant : il n'y a pas de principe abstrait dans la Constitution actuelle. Certains principes proclamés par la Constitution de 1848 n'ont pas été reproduits dans les lois constitutionnelles récemment élaborées, lesquelles, a dit M. Buffet, n'eussent pas été votées, si ces principes y eussent été affichés. Il a été d'autre part solennellement déclaré à la tribune que lors de la révision légale de la Constitution la forme même du gouvernement pourrait être changée. M. le vice-président du conseil a dit que ce qu'il s'agit de défendre, c'est ce qui est dans les lois constitutionnelles, rien de plus, rien de moins. Or, ce qui est dans les lois constitutionnelles, ce n'est pas la proclamation d'une forme gouvernementale, c'est une répartition d'attributions entre les pouvoirs publics, c'est-à-dire entre les assemblées, les ministères et le chef du pouvoir exécutif, avec quelques droits spéciaux attachés à la personne du maréchal de Mac-Mahon.

Exciter à la haine et au mépris du gouvernement, c'est vouloir atteindre de cette haine et de ce mépris l'ensemble des pouvoirs publics. Or, est-il possible d'en voir de semblable dans le passage incriminé, où l'orateur se reporte à une conception idéale familière à la première jeunesse, à l'attrait qu'exerce pour elle ce qu'il appelle la sonorité brillante et magique du mot République, et puis qui signale l'évanouissement du prestige, et exprime cette impression de mensonge qui s'attache à toute illusion perdue?

Où sont la haine et le mépris pour le maréchal de Mac-Mahon, pour les Assemblées, pour les ministres? Or, le Maréchal, les ministres, l'Assemblée, c'est le gouvernement, et, par conséquent, l'excitation relevée par la prévention n'existe pas.

Voulez-vous un exemple d'un délit de cette nature? Vous le trouveriez dans un discours cité récemment à la tribune dans lequel on représente la Constitution comme le fruit d'un vol commis dans l'Assemblée, transformée en forêt de Bondy. Voilà un délit robuste, à l'occasion duquel le zèle de M. le procureur général aurait pu se déployer. On n'a pas exercé de poursuites contre les journaux qui ont reproduit ce discours; nous ne nous en plaignons pas; mais alors qu'on ne vienne pas s'émouvoir de quelques mots qui rappellent des paroles que chacun de nous a pu entendre plus d'une fois : J'ai aimé la République, mais je ne l'aime plus. On dit cela avec plus ou moins d'esprit, plus ou moins de malignité, plus ou moins d'amertume, et sèlon la République dont on parle, car il y en a de plusieurs sortes. Il y en a une qui, selon un mot célèbre de M. Thiers, commence au sang et finit à l'imbécillité; on n'est pas obligé de l'aimer, celle-là!

Quant au régime sous lequel nous vivons, ce sont surtout les théoriciens républicains qui le décrient. Vous avez vu M. Buffet rappeler que M. Louis Blanc reproche à nos lois constitutionnelles d'être en contradiction avec le principe républicain. J'en pourrais citer plusieurs autres qui ont tenu le même langage dans des réunions où ils ont promené leur éloquence intransigeante. Ce n'est donc pas le mot de République qui peut nous mettre d'accord; et jusqu'à nouv ordre il est permis de parler comme on l'entend de cett forme de gouvernement, pourvu qu'on s'incline devant le lois constitutionnelles et les pouvoirs publics qu'ils ont éta blis.

Ici, Me Grandperret déclare qu'après les explications satisfaisantes de M. Paul de Cassagnac, il lui paraît inutil d'insister sur les autres chefs d'excitation à la haine et a mépris du gouvernement, — mais il veut montrer en quel termes M. de Cassagnac a toujours parlé du gouvernemen du Maréchal. Me Grandperret cite plusieurs articles publié par M. de Cassagnac en 1873, 1874, 1875, — puis il conti nue en ces termes :

Ainsi, depuis plus de deux ans, depuis l'avénement d maréchal de Mac-Mahon, l'attitude de M. de Cassagnac n' pas varié un jour à l'égard du gouvernement. Il a discut critiqué certains actes, mais en ce qui constitue l'essenc d'une politique, son objectif, c'est-à-dire la pensée de mine et de détruire, ou, au contraire, de fortifier et de mainteni le gouvernement, il est impossible d'avoir des intentior plus droites et plus nettement exprimées par un homme qu n'a, certes, rien d'un Tartufe politique.

Mais, ce n'est pas tout! Et le discours de Belleville, main tenant! Comment M. de Cassagnac a-t-il parlé du gouverne ment? écoutez ceci : « En ce moment, le pouvoir est au mains d'un gouvernement honnête ! » M. le procureur gé néral, qui a si soigneusement disséqué le discours, a géné reusement oublié ce passage : « En ce moment, le pouvoi est aux mains d'un gouvernement honnête ! »

C'est de la haine et du mépris, cela!

Comment! depuis le 25 mai 1873 il a solennellement pro mis de servir le gouvernement du maréchal, il n'a pas cess depuis cette époque de propager, de réchauffer dans le cœu de ses amis politiques cette noble règle de conduite qui con siste à placer au-dessus de toute autre préoccupation les in térêts sacrés de la patrie; il a rattaché le salut de la Franc à l'existence et à la durée légale du gouvernement; il l' appelé un gouvernement réparateur, en toutes circonstances et quelques jours seulement avant la réunion de Belleville il a chaleureusement préconisé les garanties que la présenc au pouvoir du maréchal offre au pays; il a tenu ce langag

. . . .

avec constance, malgré l'âpre hostilité de certains ministres, malgré la guerre frénétique de certains personnages, vous savez, la guerre au couteau, la guerre des enquêtes empoisonnées, la guerre des procédures livrées ! il est resté, lui, inébranlable dans sa respectueuse adhésion au gouvernement du Maréchal, inaccessible au dé·ir d'user de représailles envers les rancunes enfiellées qui se sont agitées fiévreusement autour du chef du gouvernement ! Il a fait cela, depuis l'avénement du Maréchal, pendant l'année 1873, de même en 1874, de même en 1875. Et enfin dans le discours de Belleville, qu'a-t-il dit ? En ce moment le pouvoir est aux mains d'un gouvernement honnête !

Alors quel est donc l'étrange tour de force à l'aide duquel on ferait sortir de ce discours une excitation à la haine et au mépris du gouvernement ; ce tour de force, vous en avez maintenant le secret, messieurs les jurés, il consiste à transformer perfidement en attaques contre le gouvernement les coups portés aux chefs révolutionnaires de tous temps : 1793, 1848, 4 septembre 1870, voilà des dates sinistres, suivant Paul de Cassagnac et bien d'autres, et toute l'ardeur, toute la passion, toute la flamme de son discours, tendent à envelopper dans une même aversion tous ces hommes dont les fortunes politiques naissent, s'épanouissent et s'étalent à la suite de nos luttes intestines et sanglantes et au milieu des ruines et des deuils qu'ils ont eux-mêmes préparés ! (*Frémissement dans l'auditoire.*)

Ne parlons donc plus d'excitation à la haine et au mépris du gouvernement.

Vient alors une attaque contre le respect dû aux lois, et voici le passage qu'on défère à votre censure :

« Et que vient-on me parler ici de légalité, de loi violée, de décrets oubliés et méconnus ?

« Le peuple est le grand juge, le seul juge de ces violations ; de même que le pape lie et délie en matière religieuse, le peuple lie et délie en matière politique. Il a absous l'Empereur par des millions de suffrages, et qui donc oserait condamner celui que le peuple a absous ?

« La légalité ! les lois violées ! qu'est-ce que cela fait au peuple, quand il n'en veut plus ?

« Pour lui, tout cela est écrit sur du sable, et *lorsqu'il en a assez, il les efface avec son large pied.* »

Nous allons examiner, Messieurs, si ces paroles con tiennent l'émission d'une théorie générale, d'une doctrine ou si au contraire elles ne s'appliquent pas exclusivement la justification d'un fait historique sur lequel nous n'avon point à disserter aujourd'hui, mais qui a fait le sujet dan la réunion de Belleville d'une interruption violente et d'un interpellation adressée à M. Paul de Cassagnac. Il y répondu, et on vient ici tronquer sa réponse, disjoindre c qui ne peut être séparé, et ériger en axiome politique abso lu, ce qui n'était qu'une appréciation de l'événement qui marqué le commencement de l'Empire !

Une négation doctrinale de l'autorité de la loi. Ah ! j vous jure, messieurs les jurés, que, si j'étais en face d'un pareille entreprise, je ne serais pas à cette place pour m'as socier de toutes les forces de mon âme à la défense qu nous avons l'honneur de vous présenter.

Oui, il faut respecter la loi ! la loi, c'est la règle souve raine de conduite à laquelle nous devons obéissance ; c'es la loi qui constitue l'ordre et qui le maintient ; c'est la lo qui protége tous les grands intérêts sociaux ; oui, vous ave raison, Monsieur le procureur général, il faut défendre l loi, et il en existe de notre temps beaucoup d'occasion qu'on pourrait mettre à profit. Je vais dans un momen vous montrer avec évidence le sens véritable du discour de Belleville, mais laissez-moi vous dire combien je su révolté de voir à cette barre un écrivain comme Paul d Cassagnac accusé d'avoir prêché des doctrines subversive tandis que se propagent impunément les plus infâme attaques contre tous les principes qui sont les bases même et les fondements de l'état social ! Que la presse jouiss d'une grande liberté, que les partis les plus avancés aien leurs organes, que chacun ait le droit d'éclairer à sa guis l'opinion publique, de conseiller sa politique, d'élabore devant le pays les grandes questions qui l'intéressent, qu' en soit ainsi, nous n'avons pas à le contredire.

Mais qu'a de commun avec l'exercice même abusif de l liberté de la presse la propagande monstrueuse organisé par ceux qui se sont arrogé le droit d'insulter Dieu, de co vrir de boue les croyances religieuses, de montrer que l confession est une infamie, que le soldat catholique est né cessairement un lâche, de dénoncer les couvents de rel ieuses comme des lieux de libertinage, et enfin de miner aptieusement le droit de propriété?

Nous ne parlons pas des immondes libelles dans lesquels on eprésente un souverain dont les cendres sont exilées, comme n malfaiteur couronné, comme un voleur, comme un cynique, résidant à Compiègne des divertissements honteux! On ne oit pas de mal à cela, soit; — laissez circuler ces ignomiies — nous dédaignons de nous en plaindre!

Mais ce qui tue les gouvernements, ce qui mine les lois, ce ui prépare les grandes destructions sociales, ce qui fait ermenter les éléments de trouble accumulés dans notre pays ar tant de révolutions successives; en un mot, ces publicaions empoisonnées qui se répandent parmi nos populations uvrières des villes et des campagnes, et qui se glissent partout omme des reptiles! écrasez-les donc, vous qui vous targuez 'être les défenseurs du gouvernement et des lois! (*Sensation.*)

Eh bien! non, on ne fait rien, et c'est une inertie réfléhie, délibérée; on refuse d'entendre les protestations de la resse conservatrice qui a révélé ces publications dont j'ai uelques-unes devant moi; on reste impassible pour comlaire à certains amis politiques, et quand on se réveille de ette léthargie, c'est pour poursuivre un démagogue comme M. Paul de Cassagnac, et c'est contre lui qu'on vient prendre a défense du gouvernement et des lois!

Eh bien! voyons ce que signifient les paroles relevées par a prévention.

Ici, Me Grandperret revient à l'explication qu'il a donnée lu discours. M. de Cassagnac a voulu justifier le 2 décembre. Quand il a parlé du peuple, ce n'était pas dans le sens d'une lasse particulière de la nation, puisque c'est sur les sanctions nationales qui ont suivi le coup d'Etat qu'il s'est appuyé pour léfendre une mesure de salut public.

Reste alors, continue Me Grandperret, une apologie de la Commune. On la fait résulter du passage suivant:

« Ont-ils trouvé des avocats parmi les beaux parleurs de 'Assemblée actuelle, ces malheureux qui, sous la Commune, ne voyaient pas *qu'ils frappaient la mère patrie* et qui ne pensaient qu'élever leur revendication contre les chefs, comme ils l'avaient fait en juin 1848? »

C'est une apologie de la Commune cela! M. Paul de Cassagnac a glorifié la Commune! Ah! mon Dieu, c'est ici que je

pourrais vous apporter une nouvelle série d'articles où d
bordent les sentiments de l'écrivain.

« Le parti impérialiste, dit M. de Cassagnac dans un d
ces articles, n'a jamais rencontré les communards que po
les frapper; nous ne devons montrer aucune faiblesse quan
il s'agit d'écumer les bouillonnements impurs de la societé!

Une autre fois, récemment, un journaliste, reproduisant
nouvelle d'une amnistie accordée par le gouvernement esp
gnol, ajoute : « A quand la même mesure de la part du go
vernement français? » « Point d'amnistie, monsieur, répon
Paul de Cassagnac, à moins qu'il ne nous soit démontré p
vous que l'assassinat, l'incendie et le pillage constituent d
manifestations politiques. »

Puis, messieurs, à Belleville. comment Paul de Cassagna
a-t-il parlé de la Commune? mais rappelez-vous donc ce pa
sage qui domine tout le discours : « Je suis à Belleville! qu
de souvenirs odieux et sanglants je trouve autour de moi!

Quels sont ces souvenirs odieux? ceux de la Commune
ces souvenirs sanglants? ceux de la Commune ; et personn
n'avait encore osé tenir ce langage à Belleville!

Ah ! tenez, messieurs, certaines allusions de M. Paul d
Cassagnac dans ses explications devant vous me donnaien
le *frisson*, il y a quelques instants. Et, en effet, que par un
exécrable supposition, d'une réalisation impossible, si Die
ne nous abandonne plus, nous en venions à revoir ces jour
effroyables qui resteront chargés d'une éternelle malédiction
et qu'il fût donné de nouveau à la démagogie de faire so
horrible provision d'otages, et surtout de faire ses choix, ah
il y a ici quelqu'un qui tomberait au premier rang là où l'o
assassine et où l'on fusille! Et c'est celui-là qui comparaî
devant vous et à qui on impute la glorification d'un événemen
qu'il a flétri avec une horreur, une vaillance, un mépris d
danger qui n'ont été égalés par personne! (*Vive émotion.*)

J'abrége, Messieurs, j'ai la vive préoccupation de ne pa
retenir plus qu'il ne convient votre bienveillante attention, et j
n'ajoute plus qu'un mot sur une question que M. le procu-
reur général a traitée d'une façon vraiment trop dégagée.

J'ai absolument fini en ce qui concerne les délits imputé
à mon client ; j'ai fini : mais, j'ai un autre compte à régle
avec le ministère public. Ici les rôles changent. C'est nous
maintenant, qui venons rappeler M. le procureur général à

l'observation de la loi. La loi n'est pas la propriété du ministère public ; c'est notre bien à tous, c'est notre protection.

Me Grandperret entre dans une discussion ayant pour objet d'établir les points suivants : La réunion de Belleville était privée ; l'autorité administrative l'a envisagée ainsi ; l'autorité judiciaire également, car, si on eût considéré la réunion comme publique, on eût poursuivi M. de Cassagnac non comme complice d'un gérant de journal, mais comme auteur d'un délit de la parole commis dans un lieu public. Un discours prononcé dans une réunion privée ne peut donner lieu à aucune poursuite. S'il contient des parties délictueuses, c'est la publicité ultérieurement donnée au discours qui seule a créé le délit.

Cette publicité est résultée de l'insertion au *Gaulois* de la sténographie rédigée par les ordres de M. Tarbé des Sablons. M. Paul de Cassagnac n'est pas cité comme complice de M. Tarbé, il se trouve juridiquement en dehors des suites correctionnelles de la publication faite par le *Gaulois*. Il est cité comme complice de M. Piel : or, qu'a publié M. Piel ? est-ce un article que lui a fourni M. de Cassagnac ? Non, c'est la sténographie du *Gaulois*. Le compte rendu a été coupé dans le *Gaulois*. Il ne suffit pas que M. de Cassagnac ait su que son discours serait reproduit par le *Gaulois* et le *Pays* ; cette circonstance ne renferme pas au degré suffisant la coopération active nécessaire pour établir la publicité. M. de Cassagnac n'a pas même revu les épreuves de la sténographie, et la publication du *Pays* reproduit les mêmes erreurs typographiques que celles du *Gaulois*. On ne peut donc pas assimiler ce cas à celui où un rédacteur de journal fournit au gérant un article délictueux.

Y a-t-il d'autres circonstances, continue Me Grandperret qui puissent établir la complicité. Non, il n'y a rien que l'affirmation de M. le procureur général. En matière pénale, il faut prouver où sont les faits constituant la complicité. Indiquez-les, prouvez-les. Ce n'est pas avec des suppositions, des probabilités, des conjectures, qu'on demande un arrêt de Cour d'assises. Que n'avez-vous fait une enquête ? Pourquoi votre instruction n'a-t-elle pas porté sur ce point ? Je dis, Messieurs, que lorsqu'on fait subir à un écrivain une épreuve aussi émouvante, aussi douloureuse ; que lorsqu'on vient piétiner sur son honneur politique avec le dessein de briser son avenir à la veille des élections, il faut, lorsqu'on tend à une pareille œuvre, se présenter au moins avec des documents judiciaires corrects, sinon la prévention reste sans autorité, quelles que soient les affirmations de celui qui la soutient.

Voilà, messieurs les jurés, les observations auxquelles je crois devoir me borner ; à vous de faire acte d'impartialité et d'indépendance.

Je suis venu avec une grande foi dans la légitimité de notre défense, dans sa vérité, dans son bon droit, et une grande confiance dans le juste accueil que vous lui ferez.

Car nous ne sommes plus ici livrés aux haines qui ont suscité cette poursuite. Une cour d'assises n'est point une annexe des couloirs d'une assemblée politique. Là-bas, quelques-uns se sont agités, avec le fiel qui les mène, pour obtenir cette chose savoureuse qui s'appelle une poursuite contre M. Paul de Cassagnac et M. Tarbé des Sablons.

Et alors on a choisi, avec un rare sans-façon, parmi tous les journaux qui avaient publié le discours de Belleville, et qui tous avaient commis le prétendu délit. Je reconnais qu'il eût été gênant de poursuivre tant de journaux à la fois ; mais puisqu'on reculait devant les conséquences logiques de la poursuite, il ne fallait pas passer outre pour deux journaux seulement ; mais c'étaient le *Gaulois* et le *Pays* !

Eh bien ! messieurs les jurés, c'est une chose pleine de tristesse de voir de quel côté ceux qui se prétendent les défenseurs de la société portent leurs coups et de quel côté ils les ménagent ! !

Il s'agit, dites-vous, de défendre le gouvernement, les lois, la société ! Tournez donc alors vos poitrines du côté de l'ennemi véritable, et ne frappez pas les plus fermes serviteurs des idées conservatrices, car alors c'est une grande trahison envers les grands intérêts de la France, de la France qui n'est pas oublieuse, ell , notre chère patrie, et qui ne demande pas qu'on frappe des hommes pour cela seulement qu'ils ont au cœur des souvenirs fidèles !

Je ne viens point parler ici de fidélité avec étalage et redondance, mais laissez-moi seulement vous dire, et vous m'approuverez, quels que soient vos sentiments politiques, laissez-moi vous dire qu'il serait honteux pour notre pays qu'un régime qui a été pendant dix-huit ans celui de la

France, qui a été consacré plusieurs fois par des milliers de suffrages, n'eût laissé après sa chute que des insulteurs et pas une affection constante ! Il n'en est pas ainsi, et ils sont nombreux, les cœurs qui savent allier au respect du passé une soumission absolue aux lois, aux institutions établies, et aux décisions futures de la volonté nationale !

Je m'arrête ; je me refuse les considérations générales ; je ne suis point venu pour faire une manifestation politique, je suis venu pour vous demander justice, et la justice dans cette cause, c'est la mise à néant de la prévention et l'acquittement de tous les prévenus.

(*Un mouvement très-prononcé d'approbation se produit dans toute la salle.*)

M. LE PRÉSIDENT. — Maître Lachaud, vous avez la parole.

Me LACHAUD. — J'attends M. le procureur général ; il va sans doute répondre.

M. le procureur général fait un signe négatif.

Me LACHAUD. — Ah ! M. le procureur général n'a rien à dire ? Je ne puis avoir dès lors rien à ajouter ; mais la cause est jugée par ce silence.

Cette réflexion, que chacun souligne, produit une certaine sensation.

M. le président Dumas, dans un long exposé très-littérairement écrit, résume les débats.

LE VERDICT

Le jury, après vingt-cinq minutes de délibération, revient avec un verdict sur les dix questions qui lui ont été soumises.

A ce moment, M. le président prévient l'assistance que toute marque d'approbation ou d'improbation sera sévèrement réprimée aussitôt, et que les interrupteurs seront traduits à la barre de la Cour.

M. le chef du jury donne lecture de son verdict.

La réponse du jury est à toutes les questions :

NON

En conséquence, M. le président Dumas prononce l'acquittement des trois prévenus.

A ce moment, la foule se retire assez bruyamment. Quelques bravos sont étouffés par les recommandations de chacun. On observe avec une sorte de religion le respect dû à la justice. Le prétoire est cependant envahi par les assistants et les avocats, qui discutent le verdict. Beaucoup de personnes, qui n'ont pu entrer dans la matinée, se pressent à la porte et empêchent la sortie, qui s'opère enfin.

On prévient officieusement MM. Paul de Cassagnac et Tarbé que deux mille personnes environ sont réunies sur le boulevard du Palais et attendent leur sortie.

MM. Paul de Cassagnac et Tarbé, voulant se soustraire à une ovation inopportune, se rendent immédiatement dans le grand vestibule du nouveau palais de justice, et sortent par la porte de la place Dauphine, entre deux amis, au milieu des plus énergiques témoignages de sympathie.

2375.75. — Boulogne (Seine). — Imp. Jules Boyer.

EXTRAIT DU CATALOGUE

DE LA

Librairie E. LACHAUD et Cie

La Guerre de 1870-71, par A. Wachter, illustrations de Darjou, édition de luxe . . . . . . 15 fr. »

Les Hommes du 4 septembre devant l'Enquête parlementaire, par Albert Rogat, un volume in-18. . . . . 3 »

Journal d'un Parisien pendant la Révolution de Septembre et la Commune, par Eugène Loudun, 2 volumes in-18. . . . . . . 6 »

Le Lendemain de l'Empire, par Auguste Vitu, in-18. . . . . 3 »

Les Aveux d'un Conspirateur bonapartiste. par Jules Amigues, in-18. . . . . . . 3 50

Comment les Empires reviennent, par Albert Duruy, in-8. . . . . 2 »

La Dépêche du 20 août 1870 du Maréchal Bazaine au Maréchal de Mac-Mahon, par le colonel Stoffel, in-8. . . . . 2 »

Vingt ans de Despotisme et Quatre ans de Liberté, par Fernand Giraudeau, in-8. . . 1 »

On demande un Dictateur, par Jules Amigues, in-8. . . . . 1 »

Comment l'Empire reviendra, par Jules Amigues, in-8. . . . . 1 »

Le Retour de l'Ile d'Elbe, in-8. . . . . . . 1 »

Empire ou Radicalisme, par l'abbé Castay, in-8. . . . . 3 »

Les Vacances du Quatrième Napoléon, par Evariste Bavoux, in-18. . . . . » 50

Les Titres de la dynastie impériale, par E. Guillemin, in-18. . . . . 1 »

La Démocratie impériale, par Paul Vibert, in-32. . . . . » 15

La Journée de Sedan devant la Cour d'assises de la Seine, procès Paul de Cassagnac, in-32 (le cent 35 fr.)	» fr. 5	
Le Guide de l'Électeur bonapartiste, par Ernest Dréolle, in-32 (35 fr. le cent)	»	5
Les Bienfaits de l'Empire, par A. Bradier, ouvrier typographe	»	15
Il a dix-neuf ans, par Evariste Bavoux, in-18.	»	50
Le Bonapartisme, son passé, son avenir, par A. d'Almbert, in 18	1	»
Mort et funérailles de l'Empereur, par Francis Aubert, in-18	1	»
Le Peuple et l'Empereur, par G.-C. d'Ornano, in-18	1	»
Une Sœur de charité, l'impératrice Eugénie, par Evariste Bavoux, in-12	1	»
Empire ou République, par Gustave Putod, in-8	1	»
La Fusion et l'appel au peuple	1	»
Ils en ont menti ! par F. Perron	»	
Histoire de la colonne Vendôme, par G. de Cassagnac (23 fr. le cent)	»	25
Discours de M. Raoul Duval (10 fr. le cent).	»	15
Palinodies républicaines, par Henri Guillaumot (20 fr. le cent)	»	25
Catéchisme impérial, par Edouard Boinvilliers (25 fr. le cent)	»	50
Aux Ouvriers des villes et des campagnes. La Vérité devant le scrutin national, par Cristian Fynna (10 fr. le cent) . . .	»	10
Le procès du 4 Septembre, par Jules Delafosse (50 fr. le cent)	1	»
L'Empire et les partis, par Albert Cazeneuve, brochure in-32	»	25
Les Elections sénatoriales, par Albert Cazeneuve, brochure in-32	»	10
Ces Bons Républicains, par le baron de Septenville, brochure in-32	»	10

A LA MÊME LIBRAIRIE

DU MÊME AUTEUR :

Histoire populaire illustrée de l'Empereur Napoléon III. Deux beaux volumes grand in-8° raisin. Prix *franco* . . . . **20** fr.

Histoire de la troisième République. — *Première partie* : Dictature de M. Gambetta ; — *Deuxième partie* : Principat de M. Thiers. Un beau volume grand in-8°. Prix. . . . . **6** fr.

Histoire abrégée de l'Empereur Napoléon III . . . . **50** c.

L'Aigle, almanach de 1875. . . . . **50** c.

L'Aigle, almanach de 1876. . . . . **50** c.

La Revanche du Scrutin . . . . **25** c.

Envoyer le montant en timbres ou mandats de poste à MM. LACHAUD ET Cie, *et on reçoit par retour du courrier.*

3510.75. — Boulogne (Seine). — Imprimerie JULES BOYER.
Admin.: 11, rue Neuve-Saint-Augustin, à Paris.

www.ingramcontent.com/pod-product-compliance
Ingram Content Group UK Ltd.
Pitfield, Milton Keynes, MK11 3LW, UK
UKHW031951260826
14628UKWH00004B/1997

9 782012 867260